U0574189

新 史 学

观 古 今 中 西 之 变

学问的敬意与温情

张伟然　著

北京师范大学出版集团
BEIJING NORMAL UNIVERSITY PUBLISHING GROUP
北京师范大学出版社

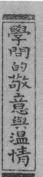

學問的敬意與溫情

自　序

去冬，素未谋面的谭徐锋兄给我寄来一个毛边本，我不知是计，欢喜赞叹不已。他看我心动，闲闲地来一条微信：也出一本呗。之前我没想过有这样一种可能，感其盛意，答应且先检视一下箧中积稿再说。

近10余年，我陆续写过一些学术随笔。起初是为纪念师友，后来渐渐地也记录一些阅读感受。写作缘事而起，主题不一而足。总字数已有20余万，现在将其中与师友及其著作相关的文章聚在一起，于是便有了这本集子。

在20世纪90年代后期以前，我本来很不以写随笔为然。从大二起，我便接受了科学写作的训练。当时的老师教导说，科学写作与文学写作存在本质区别；要尽可能使用科学语言，尽可能简洁明了；不许用形容词，不许用惊叹号；每句话必须有解，且必须是唯一解；不可以模棱两可、一语双关、言有尽而味无穷。受到这一观念的影响，我在相当长的时间内一直认为，学术内容必须用科学语体表达，而科学语体的最佳形式就是论文。

但后来我发现，并不是与学术有关的一切都可以用论文来承载。论文讲究论证，而很多与学术有关的内容，没办法进行有效论证。特别是一些灵感，其来也突如，形态很散漫，要将它们捉住就很不容易，还要加以证明，有时简直毫无办法。经常是费了很大力气，八面受敌地组织论述，等到字斟句酌地把正反侧各方面的证据罗织好，早已灵气全无，甚至面目可憎了。还不如保持思维的原始状态，可以让人产生更多的联想。更何况学术中总还有些情绪，那是绝对不方便写进论文里的。

于是乎，慢慢地也就有了一些写随笔的冲动。

选入这本集子的文章，绝大多数与师友有关。其中个人特别看重的是《陪老师散步》，那是为纪念硕士导师何业恒先生而作的，前后酝酿数年，最后挥泪写就。本想以此作为集名，经徐锋兄建议，改为《学问的敬意与温情》。

要说明的是，此次结集，对各篇文字做了一些轻微的校订。凡在单篇发表时被编辑修改，或限于篇幅而删节过甚的文字，均已恢复原貌，包括标题。此外仅对一些笔误做了订正。因此，各篇文字若有初刊时与此集相歧之处，一律请以此集为准。至于行文中"今年""今秋"之类表述，因文末均已标明初刊时间，一般而言均去撰写之时不远，为尽可能地忠实于原文，在此也就不另注明，敬希读者鉴谅。

为配合文字内容，本人特意创作了 7 枚印章，并为全书刻了一个题签。同时在书中附了些许与个人相关的图片，聊以为纪念。

在读校样的过程中，拙著《湖南历史文化地理研究》荣获第二届全国优秀地理图书之学术著作奖。该奖项由中国地理学会组织评选，综合考虑学术价值、应用价值、社会影响等指标，表彰 1994 年 1 月至 2013 年 12 月出版的中英文学术专著和学术译著，共评选出专著 42 部、译著 8 部。在 20 年时间里仅选出如许数量，实在是一项崇高的荣誉。本人惊喜、庆幸之余，深感这一光荣完全是拜先师谭其骧先生所赐。若非他指示我做这一选题，我无论如何不可能做出这样的工作。感念师恩，不禁泣涕涟如。

其他的，就都不说了吧。

张伟然

丁酉大暑于思玄堂

目　录

谭其骧先生的五星级文章及学术活性......1

谭其骧先生的才情与笃实......14

谭其骧先生与历史文化地理研究......21

忆谭其骧师对我的博士入学考试......31

陪老师散步......40

独辟蹊径　为霞满天——略述何业恒先生对于
　　中国历史地理研究的贡献......57

无处登高——怀文元珏先生......71

镇箪出凤凰......79

黄永年先生二三事......92

陈桥驿先生在记忆中......98

学术的合作与创新......105

对学术的诚敬——邹逸麟先生与中国历史
　　地理学......115

学问与情怀——葛剑雄先生侧记......**122**

九十年代初期的沪上书市......**138**

赤脚年代的读书往事......**148**

千古文章未尽才——悼尚立......**158**

《中古文学的地理意象》后记......**166**

《定额制度与区域文化的发展》序......**169**

讲事实， 讲科学， 不要讲故事——序梁志平
　　《水乡之渴：质环境变迁与饮水改良
　　（1840—1980）》......**175**

文白异趣与文理殊途......**181**

思维过程与表述过程——《石钟山记》的
　　文章学......**184**

学问中的证与悟——陈寅恪、唐长孺两先生
　　对《桃花源记》的解读......**192**

大老表的现场感......**204**

邻家秋深......**215**

社会史如何贴近社会——读《清代嫁妆
　　研究》......**225**

文体与语体——读《林村的故事》......**248**

环境史研究的核心价值......**252**

评《东汉政区地理》......256

给地理插上人文的翅膀......269

这是一个最好的时代......273

附录　历史地理学八十年：研究技术引领
　　　　学科发展......282

谭其骧先生的五星级文章及学术活性

岁末在广州，一位学兄闲谈学术时偶然用到了"活性"一词，我觉得这个概念很好，可以用来表达一些非常微妙乃至于有时很难言传的感觉。现在我想用它来谈谈先师谭其骧先生。

谭其骧先生的学术成就当然是举世闻名的。他主编了煌煌8册《中国历史地图集》，那是一套里程碑式的著作，是新中国成立后史学界最重要的两项基本建设工程之一。此外他还主编了《中国自然地理·历史自然地理》，主编了《辞海·历史地理分册》。这些都是大型的集体项目。他个人的论著则并不多，没出过专著，没编过教材，只发表过一些单篇的文章。到70多岁才编定平生第一部论文集，即1987年由人民出版社出版的《长水集》上、下两册；他去世后葛剑雄先生又给他编了《长水集续编》，1994年仍由人民出版社出版。他一辈子的个人著述大体也就是这些了。

图一 《长水集》及《长水集续编》书影

可是从这里面我们可以看到，谭先生从 21 岁(1932)开始发表论文，到 1991 年一病不起，他的学术生命持续了整整 60 年。

我这句话有特定的含义。我并不认为一个人活着，不停地写文章出东西就算是在延续他的学术生命。茅海建、刘统两位先生曾在回顾新中国成立 50 年军事史研究的文章中曲终奏雅说，有些人在学者的心目中已经死去。这个意见我很同意。我说谭其骧先生的学术生命一直持续到他生命的尽头，是因为他在有正常思维的生命状态中，一直保持着学术的活性。

泛泛而谈很难讲出个什么名堂，还是来看文章。我觉得得对文章进行筛选，也就是说要分类分级，要不然没法谈。首先可以分为三类：好文章、一般性文章、烂文章。后两类在此可以置之不理，且单说好文章，我认为可以设三点标准：

A. 问题宏大：要么问题本身很宏大，要么它牵涉

到的问题大;

B. 文本复杂:必须投入一定的工作量;

C. 手法新颖:或者是资料的获取途径,或者是对资料的处理,要有智慧。

简而言之,须有大问题、大功夫、大智慧。此外当然还须考虑一些不言而喻的条件,比如,独创性(提问或结论)、独立性(工作过程);还须照顾技术性因素:一篇文章在写作中或发表时被分成了若干部分,那就合而观之。这些都不必说得过于烦琐,仅以前述三点而论,要通通满足也实在很困难,因此我觉得还可以分级:三点都满足的,五星;满足两点的,四星;只满足一点的,三星。

用这个方式来考量,我估计我们很多人的成绩单将很难看。但是可以惊讶地看到,在谭先生的《长水集》《长水集续编》里,随便怎么抠,五星级的文章都有一个不得了的数字。我个人原认为有 30 篇,经与学兄师长讨论,觉得可以合并、去掉几篇,仍有 24 篇。兹按写作年代依次开列如下(篇目后的年份为写作年/初刊年,前者不详或系同一年则仅注后者),并尽可能地略述理由。

(1)《讨论两汉州制致顾颉刚先生书》(1931/1980):虽然不是一篇论文的形制,但问题实在宏大,提问能力实在高明,解决过程实在完满。顾颉刚先生的附说可以表明它的价值:"藉此可以明白古人治学方法的不正确","现在经过这样的辩论之后,不但汉武帝的十三州弄清楚,就是王莽的十二州也弄清楚,连带把虞舜的十二州也弄清楚了。对于这些时期中的分州制度，二千年来的学者再没有象我们这样的清楚的了！"

（2）《湖南人由来考》（1931/1932）：中国移民史研究的开山之作，其研究方法在当时非常前卫，迄今仍是从事该领域研究的常用方法。著名史学家林增平先生在20世纪80年代掀起一波近代湖湘文化研究热潮，自称便是受此文启发。

（3）《近代湖南人中之蛮族血统》（1933/1939）：不仅很漂亮地证明近代湖南人中存在大量蛮族血统，解决过程坚强有力，而且对解释其他地区的居民由来有启示意义。文末提出一个很天才的思想："清季以来，湖南人才辈出，功业之盛，举世无出其右，窃以为蛮族血统活力之加入，实有以致之。"大概无法统计这句话在近十数年中被论述湖湘文化的各色人等反复转引过多少次。

（4）《晋永嘉丧乱后之民族迁徙》（1934）：魏晋南北朝史的经典名篇。前人未尝不知那次北人南迁是中国历史上的一大关键，奈史料不明，无处下手。谭先生以侨州郡县为线索，将问题解决到非常清晰的一个程度，充分展现了他的过人才思。文末称："隋唐而后，南北文野声名之比，终非汉魏之旧矣。"开启了一个重要的文化地理思路。

（5）《播州杨保考》（1940/1941）：极尽因小见大之能事，内容十分丰富。论证杨保并非如明初宋濂所称为宋代杨业之后，实出自当地古代土著族类；并展开讨论杨保同化诸族，以及其移殖境外、遗裔。文章没有提出进一步的结论，但以实例为涉及南方土著民族的移民史研究以及谱牒资料的利用做出了示范。

（6）《秦郡新考》(1947)、《秦郡界址考》(1944)：前文从史料中逐一核实有秦一代设郡除内史外有 46 郡，并有可能为 48 郡，较前人执着于从数目谈秦郡前进了一大步。至此，秦郡问题基本上解决。后文为政区地理（时称沿革地理）的研究提出了新的重要学术问题。

（7）《浙江省历代行政区域——兼论浙江各地区的开发过程》(1947)：首次发掘出政区变迁的内在含义。创造性地提出："一地方至于创建县治，大致即可以表示该地开发已臻成熟；而其设县以前所隶属之县，又大致即为开发此县动力所自来。"我很奇怪何以谭先生在《长水集》自序中述及这一时期有分量的作品时不提此篇，在我看来，此文所表现出的智慧简直匪夷所思。从枯燥的沿革地理中竟能演绎出一部活生生的地方开发史，真不知他的灵感是谁给他的。用现代地理学的术语来讲，这就是最简单、直接、有效的替代指标法。

（8）《〈汉书·地理志〉选释》(1957/1959)：虽然是写给初学者看的，但任何人读过之后都不会觉得它程度太浅。谭先生并不在意它的读者有多无知，而只关心他们应该要做到有多好，因此他在文中举重若轻，尽情地展示。很多人觉得教初学者并不需要多高的水平，这篇文章足以证明那样的想法有多荒谬。它不折不扣地就是一篇历史地理典籍的研读法、历史地理研究的方法论，只可惜在《汉志》103 个郡国中只选注了 6 个。

(9)《蔡文姬的生平及其作品》(1959)：《长水集》中为数不多的几篇非历史地理论文之一，生动地展现了古典文学研究中欠缺些什么，历史学者又能为它做些什么。顺便说一句，很多人都只注意到谭先生的文章学术含量很高，却不大注意他的文章从形制上看也极为漂亮。不仅谋篇布局章法谨严，遣词造句也很考究。他的文章有一种节奏感、韵律感，实在可称得上典雅大方。

(10)《何以黄河在东汉以后会出现一个长期安流的局面》(1962)：谭先生在《长水集》自序中说，"我自以为这才是一篇够得上称为历史地理学的研究论文"，可见其得意之情。由黄河下游的安流追溯到中游的水土流失，由水土流失联系到植被，由植被想到土地利用方式，由此发黄河长期安流的千古之覆。尽管在地理学框架中这一观点不无可商(主要是量的问题)，但在历史学领域，能把问题做得这样深邃，已经可以算极致了。

(11)《鄂君启节铭文释地》(1962)：这篇文章当然应该和它的余响《再论鄂君启节地理答黄盛璋同志》(1963)合读，梳理了当时楚国境内水陆交通状况。既是对铭文中地名的合理考释，又是对当时地理环境(尤其是河湖水系)的研究心得。圆融贯通，纵横无碍。

(12)《上海市大陆部分的海陆变迁和开发过程》(1973)：之前有《关于上海地区的成陆年代》及《再论关于上海地区的成陆年代》之作，此篇在获得考古新资料的基础上踵事增华，由自然环境而推及人文，重在前者。并世学人侧重自然环境则多疏于人世变迁，偏重人文历史则多不顾自然背景，此文深得地理学综合研究之旨。且文章结构清朗，显豁无比。

（13）《马王堆汉墓出土地图所说明的几个历史地理问题》(1975)：含汉初长沙国南界、汉初长沙国西南边区的 8 个县治、水道名称的演变三个部分，看似琐碎，所涉及的却是西汉长沙王国境域变迁(当时有学者以《汉书·地理志》所载西汉末年政制释汉初长沙国)、政区界线划分、秦代县数等宏大得不得了的问题。

（14）《〈山经〉河水下游及其支流考》(1978)：无话可说。谭先生在《长水集》自序中已经说过："这是我的一篇得意之作。古今学者讲到汉以前古黄河全都只知道有一条见于《禹贡》的河道，谁也不知道还有其他记载。如今被我从《山经》中找出这么一条经流凿凿可考，远比《禹贡》河水详确得多的大河道来，怎不令人得意!"我们所能做的只有帮他得意。

（15）《云梦与云梦泽》(1980)：无话说。邹逸麟先生曾有评价："澄清了一个千年疑案"，"实际上是一篇江汉洞庭平原区地貌变迁和地区开发史的论文"，"对研究长江流域湖泊平原的变迁具有很强的典型性"。地质钻探资料也已证明了它结论的正确性。

（16）《西汉以前的黄河下游河道》(1981)：该文第五部分是"结论十二点"，以谭先生惜墨如金、简洁明了的作文风格，其内容之丰富、重大可知。《长水集》自序对此未做评价，我个人觉得它无论从哪方面都比上述第15篇有过之而无不及。

（17）《历史上的中国和中国历代疆域》（1981/1988）：主编《中国历史地图集》20多年的心得，其重要性已经超出历史地理学而上升到整个历史学领域。也许可以说是历史地理学在它出现（1934）的前半个世纪内为历史学所做的最大的理论贡献。

（18）《论〈五藏山经〉的地域范围》（1982）：对《山经》所涉及地理问题的一次全面清理。如果谭先生耐得烦，将《山经》的原文都附上去，并且罗列一些前人陈说，那就是一部专著，而且还是高质量的专著——因为里面有那么多别人无法梦见的真知灼见。文本非常完美：先交代学术史，再讨论方向和里距，然后逐一考证，到最后与《禹贡》进行比较，认定《山经》的写作地点应肯定顾颉刚先生的周秦河汉之间说，写作时代得把顾先生的"《山经》早于《禹贡》说"颠倒过来。前人关于这两部先秦地理名著孰先孰后的讨论不知凡几，但因都没有搞清《山经》地物的具体所在，因而那种讨论大抵迹近无根，对二书地理价值的比较也无非隙中窥月。此文为先秦地理的研究开一新境界。

（19）《海河水系的形成与发展》（1984/1986）：此文的写成颇有点戏剧性。提纲是谭先生在1957年发现问题之后迅即写成的，他以此在那年5月做了一个校庆学术报告并油印分发给海内同好，以为万事大吉。不料时过20多年有人以其所赠提纲敷衍成专文公开发表，并号称是自己多年钻研的收获，谭先生气不忿，这才将提纲找出来撰写成文。我们得感谢那位大侠，要不然以谭先生的性格和倥偬，我辈小子很可能就没有看到这篇文章的福分。没话说。邹逸麟先生早已阐述："我国境内河流除黄河外，要数海河水系变迁最大。但海河水系形成于何时，以前所有学者都没有搞清过。"即此可知该文的分量。文末有一个后记，解释何以对旧作只"改写"而"不增加任何新的内容"："我可不是主张抱残守缺，研究历史地理可以只在故纸堆中讨生活；这是因为寒斋只有这些旧籍勉强齐备，过此就得跑图书馆、资料室，就不是我这个衰老而残废的人所能办得到的了。"落款署："1984.7.15. 改写脱稿后挥汗书此。"每次我看到先生的这类文字，都感动得想流泪。

(20)《唐代羁縻州述论》(1986/1990)：题称"述"，其实通篇是"论"。称"述"的目的大概一是谦虚，二是文气的需要(去掉这个字念起来音节不谐调)。讨论的时代限于唐，其实可作为研究历代民族地区、民族关系的纲领性文献。

(21)《中国文化的时代差异和地区差异》(1986)：任何人做这类题目，恐怕都难免空空只手，赤条条来去无牵挂。但这篇文章题目大，内容实，耳目新，令人不能不佩服其思维行走线路的巧妙。然而谭先生的巧，又巧得风格沉雄，绝不让人看出他在讨巧。中国历史文化地理研究的指导性文献。

(22)《中国历代政区概述》(1987)：《长水集续编》中

的文本是 1984 年、1987 年先后发表的两个文本的组合，为此我们要感谢葛剑雄先生。文中先叙述历代政区的实态，然后谈演变的规律，涉及政区数量、幅员、层级、官员诸方面。在最后"几个应予注意的问题"中又着重谈到了唐宋的郡名以及旧时代文人习用的地名古称、别名，我觉得可以就这一部分发展出一个专题研究，就叫：文学地名学。

（23）《自汉至唐海南岛历史政治地理》（1988）：约 2500 字，分 8 个部分，谈的是海南岛与大陆的关系史，附论梁隋间高凉洗夫人功业及隋唐高凉冯氏地方势力。考定海南岛自西汉弃珠崖、儋耳二郡后，直到隋代才重归大陆版图，发千年之覆，完全是一部专著的规模。

（24）《历史人文地理研究发凡与举例》（1990/1992）：谭先生的绝笔。上篇是发凡，由谭先生口述、葛剑雄先生执笔；下篇是举例，仅写成谈历史人口地理的第一部分。造化弄人，如今我们只能欣赏它的残缺美了。尽管如此，露出云端的这部分早已是一副神龙的模样。

除了上述这些，谭先生当然还有一些好文章，但我觉得那些都不能跟这 24 篇相比。例如，《新莽职方考》（1934）从问题来说足够大，文本也很壮观，末尾还附考了新莽郡县官制以及改汉郡县名通例，但我觉得那主要是一个钩稽、爬梳、归纳的工作，智慧含量不太够。《论丁文江所谓徐霞客地理上之重要发现》（1941/1942）从牵涉到的问题来说足够大，但方法较为普通，文本也较为简单。再有，《太湖以东及东太湖地区历史地理调查考察简报》(1974/1980) 从文本的复杂及智慧含量来说程度都很高，但毕竟只是一个考察报告，问题欠宏大，而且篇末还注明当中包含了张修桂先生的两点看法。要之，谭先生的文章篇篇都有个人的见解，但五星级的文章大概就是上面这 24 篇。若算上三星级的，应该有 40 篇左右的样子，那些姑且不说它。

从这 24 篇文章中我们可以看出若干问题。其一是，过去我们老有人觉得谭先生的论著不算多，他本人也在《长水集》序中自况写文章出手很慢，现在看来那样的印象欠准确。在五星级文章的层面上，谭先生的论著之多是骇人的。我没盘算过他的同辈人中有多少人能达到那样的水准，就目前而言，一般的教授大概有那么两三篇就算不错，有五六篇的话就可以算很好的教授了。

当然，谭先生在当教授前他的五星级文章也只有 5 篇，那一年他 31 岁 (1942)，加上其他文章，共 31 篇。到 1949 年，他的五星级文章增加到 7 篇，应该说，也不是一个不得了的数字。令人惊讶的是后面。他于 1978 年中风，从此半身不遂，可是他出五星级文章的速率并没有因此而衰减，反而还大大高于以前。这以前 47 年 (1931—1977)，即使扣除新中国成立初期耽搁的 2 年，"文化大革命"中耽搁的 3 年，也还有 42 年，五星级文章 13 篇，平均每年约 0.31 篇；而这之后到他最后病倒 (1991) 不足 14 年，五星级文章为 11 篇，平均每年约 0.79 篇。后 14 年的年出产率约为前 42 年的 2.55 倍！

　　我们不能不说这是一个十分奇怪的现象。尽管我们可以为这一现象找出许多客观理由，在前42年中，谭先生有很多时间花在了别的事情上。诸如，他年轻时编《禹贡》杂志，经常要为作者改稿甚至写稿，后来又为生活而辗转奔波，经历抗战、解放战争等社会大动荡，新中国成立后搞集体项目一搞就是20来年，等等。可是我们不要忘记，后14年他已是衰年有病之身，中间好几次小中风，在医院一躺就是几个月，而且还要带学生，还要应付身为社会名人而纷至沓来的各种杂事。在时间上，后14年他也是绝对得不到充分自由的。

　　那么我们只能说，在后14年他有足够多的东西要写，随便出手都是五星级文章。我觉得这个解释比较能说明问题。从文本上看，他早年的五星级文章虽然也美轮美奂，但晚年的文章更大气磅礴，臻于澄明洞彻之境。这显然与他中年以前的积累分不开。他晚年的文章有些是对中年所做具体工作的提升和总结，如《中国历代政区概述》《历史人文地理研究发凡与举例》之类；而有些则是将中年的发现撰写成文，如关于黄河故道、海河水系、唐代羁縻州诸篇。在《自汉至唐海南岛历史政治地理》一文中，他述洗夫人功业时写道："笔者察觉此事约已五十年，惜未能见诸笔墨。"我相信类似的发现他还带走了不少。因为就在我从他问学的短短1年多时间里，他就说出了很多让我闻所未闻、自己也根本想不到的想法。悠悠苍天！如果还假他以年，谁知道还有多少珠玉会蹦将出来？

　　小时候常听老师们念叨一句话："死读书，读死书，读书死！"言下颇有不屑之意。如今读着《长水集》《长水集续编》，我想，一个人如果真能读书死，那该是多么值得羡慕的事。

原载《社会科学论坛》2005 年第 3 期

图二　长水悠悠

谭其骧先生的才情与笃实

人的一生真是千奇百怪。有些人过得很有规划，在每个年龄段都会制订出一些具体目标，过一段时间做一次总结；有些人则随遇而安，过得很随性。谭其骧先生（1911.2.25—1992.8.28）少年成名；他16岁读大学，20岁读研究生，22岁硕士毕业；在同龄人刚读本科的时候，他就登上了大学讲台。他从大三开始对移民史产生兴趣，硕士论文就是那篇迄今仍广受称道的《湖南人由来考》；1932年初登大学讲坛教的是《中国沿革地理》；1934年春，又协助顾颉刚先生创办禹贡学会。可以说，他很早就与历史地理结下了不解之缘。禹贡学会提出了若干项宏伟的学术目标，诸如编绘历史地图、编撰地名辞典、整理历代地理志等。谭先生这一代禹贡学会会员后来基本上沿着这些目标在分头拓进。然而综观谭先生一生，实在不能说他是一个计划性很强的人。

20世纪80年代，报刊上发表了若干篇关于谭先生的文章，谈到未来的工作，都说，他计划写一本《中国历史地理概论》。当时我还在读本科，正准备考历史地理的研究生，看到这个消息，那叫一个引领期盼。到若干年后我跟他念书，才知道这本书他其实并没有写。凡对他了解较深的人应该都能想象，写这种书，以他的才性根本就不可能。

我感觉，谭先生其实是一个性情中人。他能票戏，能喝酒。听戏是 20 世纪 30 年代他在旧京北平滞留期间养成的嗜好。由听戏而与朋友一起学唱昆曲。1934 年陆宗达先生的祖母八十大寿，在家演戏；谭先生与朱家溍先生同台演《长生殿》之《闻玲》，饰唐明皇一角。之后虽然再没有登场，但在京、沪两地都经常参加一些曲友的聚会（葛剑雄：《悠悠长水：谭其骧前传》，华东师范大学出版社 1997 年版，第 62～63 页）。谭先生对昆曲以及其他戏曲的爱好持续终生。喝酒则主要是少壮宜努力之事。1946 年 9 月初，在浙大复员离开遵义前，"漫卷诗书喜欲狂"的谭先生与陈乐素先生等四人喝光了四瓶茅台，谭先生包办了一瓶多。此事虽然空前而绝后，但由此可见谭先生的酒量。哀乐中年时，住在复旦的谭先生经常一个人跑到五角场去喝酒，多次沉醉不知归路。

在很多方面，谭先生都表现出了相当强的艺术气质。他的字写得很漂亮，特别是硬笔字。风流倜傥，文质彬彬，秀雅到不可方物。毛笔字平时写得少，用笔稍显生涩，然而也很有味道。文人字，耐看。他的文章也很精致。不花哨，可是造意深刻，风神俊爽，措辞渊雅，几乎找不到冗余的字句，当然更不可能有粗率的表达。据说谭先生的讲演也极精彩，可惜余生已晚，只能根据以前亲历者的描述来想象其风神。不过听他平常讲话，能感觉到他的语言很引人入胜。

艺术需要才情。才人做事，自不免有一些异于常人的招数。葛剑雄先生撰文比较顾颉刚先生与谭先生的个性差异，曾引述顾先生给谭先生的信，中间有告诫谭先生"千万不可染江浙人之名士气"之语(见葛剑雄：《往事和近事》，生活·读书·新知三联书店1996年版；其内容又见上引《悠悠长水：谭其骧前传》)。此信写于1932年年底(见《顾颉刚书信集》卷2，中华书局2011年版，第550页)，其时顾先生与谭先生相知尚不甚深。这是一个对于理解谭先生极有助益的观察视角。我辈作为谭先生学生，无论自我标榜如何客观，事实上总未免有情，未免带有一种仰视的目光。唯其如此，谭先生工作中某些不足和遗憾，我们总能自觉不自觉地比旁人多一些宽容和理解。应该承认，这从相当大的程度上限制了我们向谭先生提出商榷和质疑的可能性。以前谭先生曾撰文说，他读研究生时可以就两汉州制问题跟顾先生商榷，而他却没有培养出这样跟他商榷的学生，由此可见顾先生是一个更好的老师云云，其实情况不完全一样。顾先生对谭先生的上述告诫，应该可以反映在一般人眼里，谭先生多少是有一些热爱生活的"名士气"的。

顾先生是个异数。他作为苏州人，却不喜欢江浙名士的做派。他对谭先生提出上述谆谆告诫，实在是担心他不能"以坚忍习苦自励"，只是"以生活之舒适为目标"，故而痛切地教导谭先生："我们除了对于所业鞠躬尽瘁之外更有何道可走。"时过两年，他俩发起禹贡学会，编辑《禹贡》半月刊，顾先生才慢慢地发现，谭先生更让他受不了的，不是不能"以坚忍习苦自励"，"对于所业鞠躬尽瘁"，而是另一个问题，做事情太拖拉。谭先生总是以一种对待艺术的态度来对待学术，追求完美，以致完全没有"工程"概念。

1935年3月中下旬，顾先生给谭先生写过两封长信，字数都超过3000字(《顾颉刚书信集》卷2，第551~560页)。中间谈到许多事情，核心是两件：编辑《禹贡》半月刊，编撰一部《中国地理沿革史》。葛剑雄先生已经在上述文中对此做了详尽说明，其中还包含了谭先生本人的阐释。在我看来，顾先生和谭先生之间的差异，其实就是一位工程师与 位艺术家的差异。顾先生把这些事当工程做，刻日计功。既然如此，那就这样也可以，那样也可以，先干起来再说。而谭先生把这些事当艺术，这样，不可以，那样，也不可以。既然不可以，那么急干什么，不如拖着慢慢做——在他人看来，可不就是不做？为此双方都感到很苦恼。

顾先生确实是个难得的好老师。他认识到谭先生的个性以后，一方面，推心置腹地与谭先生长谈，从学术理想到现实处境。读顾先生写给谭先生的那几封信，我想很多人都会理解为何传统中国人要将"师"与"天地君亲"一起敬在神龛上。另一方面，他对谭先生也给予了极大的宽容和尊重。编《禹贡》谭先生不能"任此繁剧"，顾先生自己披挂上阵；《中国地理沿革史》的编撰，顾先生后来找史念海先生合作。令人感慨的是，谭先生这种做事的态度，到后来竟一直没有变。非但没有变，而且有每况愈下之势。

最典型的就是编那部学界简称"谭图"的《中国历史地图集》了。此事开张时，主事者希望尽快完工，以为只要将杨守敬《历代舆地沿革图》（简称"杨图"）上的历史数据移植到现代中国底图上，一年时间就差不多了。因此将谭先生从复旦借调到北京，住在招待所里。一年时间过去，只是摸了摸底。配助手，搭班子，以为三五年可以蒇工。各方面施压，谭先生各种坚持，到最后彻底铺开，调动全国各相关单位的力量，开展大协作。待到内部本出版，已经是 1974 年。再后来修订公开发行，又是各方面压力重重，谭先生坚持得愈发固执，硬是拖到 1987 年才最终按照他的意见全部出齐。

图三　毋意毋必毋固毋我

应该说，谭先生是幸运的，在那样一个万马齐喑的时代，凭着尚方宝剑，要人有人，要钱有钱。先后调动上百人的力量，一个项目延续了 20 多年。基本上属于慢工出细活。放到现在，那样的工效、那样的工期，完全不可想象。只可怜毛润之老先生，他老人家就想读一部比杨图更好的历史地图集，等了那么久，居然到死都没有看到。

尽管编图的过程拖了那么久，《中国历史地图集》出版后，谭先生对它仍有诸多不满意。他一再对我讲，那套图是特殊时期的产物，只能当参考，不能做依据。1991 年春他要我做个作业，摸一摸两湖的政区沿革。我给他交了一篇一万多字的稿子。开始他批阅得很认真；到了第二部分，他发现我的论述与谭图线索基本上一致，以为我没读原始资料，只是看了看谭图。他大不高兴，就此停住批阅。见面时很严肃地批评我说，做政区沿革，一定要认真读历代正史地理志。我觉得他误会了，连忙声辩：那些正史地理志我确实是读过的，只是写作水平还不够。谁知他愈发生气，声色俱厉地说："不要狡辩，我老头子没有那么好骗的！"

我一直自居为一个好学生，那天的事确实存在误会；但谭先生的心情，我当时就充分理解，无比感激。走出他家门时，我拭去热泪。先生的为人为学，让我又有了新的体验和感悟。

 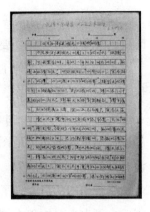

图四　谭先生为笔者　　　　图五　谭先生为笔者
　　批改的作业　　　　　　　批改的作业

　　谭先生曾不无自得地对我讲，他从来没有被催过稿子。这句话我当然知道不能光从字面理解。据我所知，他很多文章其实都是在编辑的一再催促下催出来的。甚至曾有过编辑在他家坐等的情事。此话的真实含义是，他从没有为贪多图快而写过自己不以为然的稿子。这样来理解，才基本上是符合事实的。

　　一代人有一代人的学问，一代人有一代人的际遇。我常想，如果谭先生生活在现在，会是怎么一个样子？实在是不好说。只能肯定一点：8 册《中国历史地图集》肯定是不可能编出来的。

原载《澎湃新闻·私家历史》2016 年 2 月 29 日

谭其骧先生与历史文化地理研究

如果仅仅着眼于论著，恐怕很难认定谭其骧先生对历史文化地理领域有多少不得了的贡献。在他的文集中，仅《长水集续编》收录有一篇《中国文化的时代差异和地区差异》，算是专门的历史文化地理论文。其他的，就都只是顺带涉及了。比如，在 1990 年冬复旦主办的一次国际性中国历史地理学术研讨会上，他做了一个《积极开展历史人文地理研究》的主题报告；该报告经充实后以《历史人文地理研究发凡与举例》为题揭载于《历史地理》第 10 辑，即以会上报告内容为上篇，原拟就人口、政区、文化三个专题各举一些实例作为下篇，但受制于健康因素，只写成了第一部分。这样，该文中涉及历史文化地理的也就只有上篇的寥寥数语。类似情况在谭先生其他一些文章中也多少有一些。

然而，从学术史角度衡量一个学者的贡献，显然不能局限于本人亲自撰著的文本，更应该看到其在实际工作过程中所发挥的作用。水平层次越高的学者往往越如此。

在现在引人注目的历史地理学各分支中，历史文化地理的情况有点特别。其他领域，包括像谭先生这样从史学出身的历史地理学家原本不擅长的历史自然地理领域，以及传统沿革地理根本不涉及的历史经济地理领域，都在五六十年代就打开了局面。而历史文化地理，也许是1949年以后整个地理学向苏联模式"一边倒"，举凡人文学科都受到禁锢的缘故，直到1980年以后才有专门的论著出现。

谭先生对于历史文化地理的关注是很早的。他在上海暨南大学读本科时受到潘光旦先生影响，对移民史产生强烈兴趣。其本科毕业论文《中国移民史要》写了约7万字。1930年进入北平燕京大学研究院就读后，他决定按省区开展深入研究，1931年撰成《中国内地移民史·湖南篇》作为其毕业论文(两年后改题为《湖南人由来考》)。从关注各省区居民的成分及由来，不可避免地也就注意到族群、文化问题。1933年，谭先生撰成《近代湖南人中之蛮族血统》，在篇末提出："清季以来，湖南人才辈出，功业之盛，举世无出其右，窃以为蛮族血统活力之加入，实有以致之。"(《长水集》上册，人民出版社1987年版，第392页)与此同时，谭先生也注意从断代的角度进行研究。1934年他发表《晋永嘉丧乱后之民族迁徙》一文，提出："盖南方长江流域之日渐开发，北方黄河流域之日就衰落，比较纯粹之华夏血统之南徙，胥由于此也。"(《长水集》上册，第199页)

这样的学术经历，使得谭先生在思考各地的人文差异时，在在注意到其文化上的表现。

谭先生在燕京大学研究院就读时的导师是顾颉刚先生。顾先生对谭先生关于历史人口、移民方面的研究放手不管，却通过一场关于两汉州制的讨论，激发了谭先生对沿革地理、对地名的研究兴趣。这为谭先生思考各地的历史文化差异，又增添了一个思维支点。1962年，谭先生在杭州大学做了一场关于古代吴越语地名研究的讲演，指出东南一带很多字面是汉语，而含义却颇不可解的地名，如乌伤、无锡、余姚、姑蔑之类，其实是古代吴越语地名的音译。那场讲演未曾留下讲稿，更不必说据以修改发表了。得亏当时听过讲演的李裕民先生在时隔半个世纪后撰成《吴越古地名探秘——从谭其骧先生的讲演说起》一文（见复旦大学历史地理研究中心主编：《谭其骧先生百年诞辰纪念文集》，上海人民出版社2012年版，第366~372页），虽未能复原那场讲演的内容，却让我们得以了解谭先生关于历史文化地理的思考，除前述人口、移民、族群以外，对语言问题也极为重视。

50年代中叶以后，主编《中国历史地图集》成了谭先生的主要工作。这项任务耗费他前后20多年。1975年以后，又加上主编《中国自然地理·历史自然地理》，直到1978年中风。在这期间，他连论文都写得很少，哪里顾得上去研究历史文化地理。1979年以后，前述两项工作基本上大功告成，他渐渐地可以腾出部分时间撰写个人著述，但此时他渐入老境，精力大不如前，当务之急是要将数十年间积累的一些学术发现赶紧写出来。

因而直到 80 年代中叶，他的一些重要论文差不多都是之前主持编图工作的附产品。上述那篇《中国文化的时代差异和地区差异》，其实是他 1986 年 1 月在复旦主办的国际中国文化学术讨论会上做的报告；要是没有这样一个机缘，他何时写、会不会写这样一篇文章恐怕都在未定之天。

好在此时已恢复研究生招生制度，可以在一定程度上为老师延续慧命。1982 年，他在给研究生授课时指出，如果把《汉书·地理志》中的"风俗"篇与《隋书·地理志》中的"九州风俗概述"加以比较，阐明汉魏南北朝时期各地区文化的变迁，这里面是大有文章可做的(见卢云：《汉晋文化地理》，陕西人民教育出版社 1991 年版，绪论第 6 页)。受到这一启发，卢云便选择从事历史文化地理。1985 年撰成《汉晋时期的文化区域与文化重心》一文，通过硕士学位答辩。该文主要对汉晋时期的人物、著作等各项文化指标加以统计，然后阐述分析。之后又扩展到婚姻、宗教、音乐三个要素，于 1987 年撰成《汉晋文化地理》，通过博士学位答辩。这是首例专攻历史文化地理的硕士、博士学位论文。

尽管卢云在工作过程中附加了很多个人的独创，并没有完全按照谭先生的指示亦步亦趋，但通过谭先生的出题方式，可以看出谭先生思考历史文化地理的第一个特点：他不像一般人那样，汗漫无归地认为这也是文化，那也是文化，这也可以做，那也可以做。在他概念中，做文化地理研究，应该先抓住一个区域的总体特征，然后进行扎实的论证。

三年后，我来报考他的博士生，面试时他对我说，如果我能考上，那就做一个与卢云相对称的工作。卢云学历史出身，他的工作是在时间上截取一个断代，空间上包括全国；我学地理出身，就应该在空间上选一个区域，而时间上做通代。这样相当于做两个抽样。卢云做的是一个时间的抽样，而我则做一个空间的抽样。鉴于我来自湖南，他建议我以两湖（湖南、湖北）为区域。入学后，考虑到这样一个选题工作量太大，不容易把握，我曾跟他探讨是否可以缩小选题的时空范围，而他却始终坚持认为，工作量太大可以延期毕业，而这样一个时空范围不应改变。

更有意思的是，我硕士论文做的是《南北朝佛教地理的初步研究》，来投考前，好几位老师说这个选题完全可以做成一篇博士学位论文。入学面试时，我向谭先生请教，他不假思索地说，这个选题对于整个中国历史文化地理的研究来说并不是最重要的。可见在谭先生的价值体系中，研究历史文化地理，最重要的是要落实在区域上，抓整个区域的综合性特征。一些单要素的部门地理研究，即使是像宗教这样公认的文化主导因子，其重要性也还是要等而下之。

区域性、综合性，这是地理学最本质的特性，也是检验一个学者是否具有地理学思维的试金石。谭先生作为一个学历史出身的历史地理学家，能具有如此本色当行的地理学思维，这不能不说是一般人望尘莫及的思想境界。

谭先生思考历史文化地理的第二个特点是，他从来不孤立地就文化论文化，而是把它作为整个历史人文地理的一部分，时刻注意它与其他地理要素之间的联系。

最能反映谭先生这一见解的，是他为卢云《汉晋文化地理》所作序言中的一段："文化地理学研究，不能把目光仅仅局限在文化现象本身上，还必须与政治地理、经济地理与自然地理密切结合起来。如果没有一份正确的历史时期的政区地图，就无法确切地进行文化要素的区域统计，更无法制出文化分布图来。同样，如不了解各地区的自然条件、经济类型，对文化的区域特征及其兴衰变迁也无法作出科学的解释。历史地理学本身就是一个相互密切关联的系统，只有对历史时期各类地理要素有了相当深度的理解，才有可能科学地揭示人类文化与地理环境的相互关系。"

受到这一思想的驱动，谭先生经常思考文化与其他地理要素之间的关系。1983 年 5、6 月，他分别在杭州大学和复旦校内做过两场《浙江各地区的开发过程与省界、地区界的形成》的讲演，就讲到"在浙江十一府中，其他十府本府范围内的语言风俗都大致相同，惟独杭州这个府州，尽管自隋至清存在了一千三百年之久，却始终未能在语言风俗等人文因素方面成为一个单元"；因为杭州府九县，析县来源有好几个，这个府的设置类型与其他十府不同，是先"将一个重要城市钱塘县定为府州治所，然后将周围几个县划属于它"，而"根本没有考虑自然地理、人文地理条件是否相同"（见复旦大学中国历史地理研究所编：《历史地理研究》第1辑，复旦大学出版社1986年版，第1～11页）。这就引出行政区与自然区、文化区之间关系的讨论。一望可知，这是历史地理学领域具有第一等重要意义的宏大问题。

值得注意的是，上述谭先生关于浙江省界、地区界形成的分析并不是首次。1947年，他在杭州《东南日报》的《云涛》附刊上发表过一篇《浙江省历代行政区域——兼论浙江各地区的开发过程》（该文后收入《长水集》上册），其主要内容即以历代行政区域特别是县级政区的分设过程，探讨浙江的地区开发次第及其区域性。就问题而言，1983年的两次讲演差不多相当于1947年这篇文章的一部分；然而，分析的角度却出现了非常大的变化。1947年的文章初次提出了一个很重要的"母县"概念，这一概念对于揭示地域开发、分析相邻地域之间的经济文化联系，非常有效。特别在一些史料较为匮乏的地区，这一线索几乎无可取代。我个人认为，这一概念足以成为一个思维工具，不久前在总结中国历史政治地理的理论贡献时，曾将它表述为"母县理论"，不知是否成立，尚待方家批评指正（张伟然等：《历史与现代的对接：中国历史地理学最新研究进展》，商务印书馆2016年版，第78～79页）。谭先生该文基本上还是就政区而展开讨论，并未上升到行政区与自然区、文化区关系的高度。之后1983年的进一步发挥，反映了谭先生中年以后对相关问题的后续思考。这对于历史地理学整个学科的研究理念都是一个积极的推进，其意义不限于历史文化地理而已。

据说，以前谭先生考学生，曾考过政治重心、经济重心与文化重心之间关系的题目。万幸我没被考到，要不然就尴尬了。在考到此地之前，我只读过他《长水集》里的文章，1983 年的这篇讲稿因刊载它的复旦史地所所刊《历史地理研究》流通不广，读博后才看到。不用说，当时绝不可能有独自想到这种问题的能力。

图六　谭先生为笔者批改的作业

给我面试时，谭先生说，近年我们这里将历史文化地理当作一个研究重点。可是好长时间没看到动静。后来读他 1988 年 5 月给卢云《汉晋文化地理》写的序，中间写道："我们目前正在准备组织力量，对当代文化区域进行实际考察与问卷调查，预计这一工作会大大推进文化地理的研究。"不胜骇然。前数年偶然翻看他日记，发现 1988 年 10 月他曾着手布置一个分区开展历史文化地理研究的计划，已分派了吴越文化区（两浙）、江淮文化区（淮南江东）、闽文化区、赣文化区、湘文化区五个区域的任务。可惜此事后来竟至以不了了之。

谭先生平生事业，以主持大型集体项目为常态。在计划经济时代，学者基本上没有自主科研的自由，通过组织出面将他们捉来做集体项目，天天"出大寨工"，问题不大。改革开放后，时势变了。前年买到谭先生 1983 年的一通书札，中间跟友人谈到集体项目，便颇有"人心散了，队伍不好带了"之慨。当时还是风气初开。到 1988 年早已商潮滚滚、惊涛拍岸，谭先生上述计划又未及争取经费立项，之后三年他便一病不起，该计划无疾而终实在可谓情理中之事。只可惜谭先生积数十年学力，其历史文化地理研究构想竟不克实现，至今思来令人怅恨不已。

又，从日记中得知，1990 年冬他做完《积极开展历史人文地理研究》的报告后不久，1991 年 1 月 7 日他就"开始构思作历史文化地理下篇，计算户口"。在这句话里，所谓"历史文化地理"显然指"历史人文地理"。由这一简称可见历史文化地理在谭先生心目中所占的地位。

还须着重指出的是，谭先生在平常论学中，经常会随口说出一些与历史文化地理研究相关的念头。这些念头，因随机生发而难于整理，但经常会成为他人的营养。余生也晚，从他问学才一年多时间，就记下了好些条。之前在一些相关文章中已多有引用、说明，兹不赘述。特别值得一提的是 1991 年春天他关于两湖地域文化感知的提示。当时他用平常语言、以平等态度跟我讨论，而我却完全跟不上。那之后我苦苦思索了 9 年，直到抓住文化地理学中"感觉文化区"的概念，才将他的直觉给表达出来。有些朋友看到拙文《湖北历史时期的感觉文化区》(见《历史地理》第 16 辑，上海人民出版社 2000 年版；又见拙著：《湖北历史文化地理研究》，湖北教育出版社 2000 年版)，以为是我本人的创造，其实，至少就问题提出而言，受到了谭先生的启发或者说暗示。

原载《读书》2017 年第 3 期

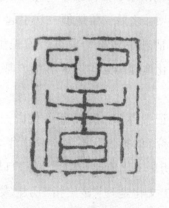

图七　心香

忆谭其骧师对我的博士入学考试

"槐花黄，举子忙"，又是一年一度的考博季。看到校园里人头攒动，回想当年谭其骧先生为我举行的入学考试，恍如隔世。

那是1990年5月7日上午，在工会二楼东头的小会议室。先一天在五教考完英语，这一场是专业口试。那一年报考谭先生的本来还有吴松弟兄，由于他已在所里任职有年，谭先生对他比较了解，因此他也就没参加考试，那上午的考场是专为我而设的。

当时我还在湖南师大地理系跟何业恒先生读硕士，行将毕业。从长沙动身之前，看到复旦研招办寄给我的准考证上写着，专业课的考试形式是笔试加口试，与之前葛剑雄先生告知的只有口试的说法不同。抵达复旦，在南区住下后，赶紧向葛先生求证。他确认只有口试，没有笔试。他告诉我，研究生院本来是希望谭先生对我考场笔试，但谭先生不同意。他反问说："难道我亲自考他一个上午，还问不出他水平高低吗？"对方这才放心，说："行！谭先生，有您这句话就行。"

考试好像是 8 点钟开始。我到达考场时，邹逸麟先生、王文楚先生、周振鹤先生三位考官已经在了。葛先生作为我的推荐人，避嫌没参加。旁边有秘书做记录。我先做了自我简介，汇报了硕士论文。三位先生便围绕我的硕士论文选题(南北朝佛教地理)问了起来。

邹先生首先发问。他问了两个问题，一是要我谈谈三朝《高僧传》，另一个已经忘了。王先生的问题也是两个：一是，《弘明集》与《广弘明集》；二是，南北朝佛教以何时最盛。这几个问题都没超出我做论文过程中思考的范围，感觉两位先生对我很照顾。

四题答罢，周振鹤先生开始问了。他的头一个问题是：宋《高僧传》的上限和下限？这道题让我吃了一惊。因为这本书我在做硕士论文的过程中用得很少，平时读书还真没有过细。只好凭印象回答，周先生和我本人都不能满意。第二个问题是：《大藏经》的版本有多少？尽可能地列举。对此我心里稍有点底，毕竟这是我吃饭的家伙，近一年以来天天跟它打交道。我列举了六七种，自己觉得应该差不多了，没想到周先生仍不满意。他一口气又说了翻倍不止，说得我打心里羞愧不已。之后，他又问第三个问题：说说对文化地理学的理解。这个题目总算让我有机会重拾自信。虽然从没学过文化地理课程——我读本科那个年代，写学术史的人肯定要把它算到"人文地理学复兴"以后，但我在大学里学的，还是传统的"经导"(《经济地理学导论》)、"中经"(《中国经济地理》)、"世经"(《世界经济地理》)那一套；不过，毕竟在地理系读了 7 年，硕士论文选题确定以后也看过一些相关的书，因此，无论如何心里都有个谱。我明显感到此时周先生的辞色和缓了许多。

正当答这个问题差不多要结束的时候，谭先生来了。

那是我第一次见到谭先生。从见他的第一眼，我就觉得他很熟悉、很亲切。因为之前看过《长水集》扉页上的照片，深深地记住了他精光四射、令人无限钦敬的眼神。进门时他朝室内扫了一眼，那眼神，跟照片上一模一样。

谭先生家住淮海路高安路，那天早上所里派人去接他过来的。现查他的日记，那一天记着："早七点一刻起，八点……车来，……到工会楼上与邹、王、周三人共为投考博士生张伟然口试。"当时我不便看表，现在想来，那天他到达时应该是 9 点钟的样子吧。

邹、王、周三位先生都站了起来。我坐得离门最近，也起身迎了上去。谭先生边走边跟各位先生打招呼，径直走到中间，坐在空着的椅子上。我知道真正的考验现在开始了，赶紧把最外面的毛背心脱掉，提防一会儿出汗。

谭先生坐定后，仍请三位先生继续提问。邹先生说："今天您是主考官，该您问了。我们都问过了。"于是谭先生不再客气，用他特有的眼神看了我一眼，几乎一字一顿地对我说："二十四史中的《地理志》有哪些？各有什么特点？一部一部地往下说。"说完他往后一仰，闭目做养神状。

我顿时感到周身发热。说实话这次我原本是有备而来，两年前就买到谭先生的《长水集》，模仿里面的《〈汉书·地理志〉选释》，将历代正史中的 16 部地理志逐部研读了一过；另外还按照邹逸麟先生在一封信中的指点，将正史中的食货志、河渠志也都通读了，读的过程中还做了厚厚的一叠笔记。可以说，对这个问题多少有一点心得。但是，面对谭先生，谁能心里不发虚。

我抖擞精神，揣摸着谭先生的要求，先一部一部地数正史《地理志》的篇名，然后再分别讲它们的特点。那时候真幼稚，不知老师看重的是读书的程度和感觉，以为一定要记住了才算数，从长沙到上海来投考时，那些笔记都没带。回答过程中，也不敢向老师们汇报读书的过程、用功的情况，以为那样算偏题。只知硬邦邦地将脑子里记得的那些书的内容，努力地往外倒。

谭先生面无表情，我不确定他是在听我答题，还是让我的声音给催眠了。其他先生们也一言不发，弄得我越说越不自信。认真钻研了好几个月的内容，不大一会儿工夫就匆匆说完了。

听我声音停顿下来，谭先生睁开眼睛，说："你刚才说错了一个字。《旧五代史》里面是《郡县志》，不是《州县志》。"

我一惊，其实已经完全记不得刚才是怎么说的了。但是这表明谭先生不仅在听，而且听得很仔细。因此我非但不沮丧，反而受到了激励。

"历代有哪些地理总志？各有何特点？"谭先生提了第二个问题。

这个问题从用功程度来说，我用得没有前一题深，因为那时候这些书很不好找，除《元丰九域志》外其他都买不到，图书馆里也只有唐宋的几部比较常见。不过从答题的角度来说，我觉得这个题目还是不难，毕竟凡是能找到原书的，都读过片段，找不到原书的，从史学名著题解之类工具书上看过一些较有深度的介绍。于是我把这些典籍按时代顺序讲了一遍。

"有一部书，几年前出版过，印得比较少，估计你们那里没有——"我的话音刚落，谭先生就开口了。不知是我确实忘说了，还是他听漏了。

"您是说《宋本方舆胜览》？"我赶紧接上去。他点点头。我告诉他，这书我见过，湖南师大图书馆有，但我没来得及细看，只读过湖南那一部分以及卷首他为该书写的出版前言。

"明末清初有两种私人著述，我们一般也把它们看作地理总志——"谭先生接着往下说。

"您说顾炎武的《天下郡国利病书》和顾祖禹的《读史方舆纪要》？"我抢过他话头。他颔首。我对他说，前者我没见过原书，只读过介绍；后者在图书馆见过，翻过一点点。然后把我了解到的东西讲了讲。

"你老家在哪个县？讲一讲它的历史沿革。"谭先生问了第三个问题。这个时候他好像兴奋起来了。

来之前对这个题目我专门做了一些功课，自己觉得应该不怕。可是回答过程中还是碰到始料未及的问题。我老家湖南安仁从北宋开始建县，对这以后的沿革我摸过一遍，但是我刚开始没说两句，谭先生就打断我，追问那个地方在建县之前属哪个县管辖，要我从汉代讲起。而这个问题，县志上并没有理清楚，弄得我大窘。

"湖南历代有哪些名人？"前三题问过之后，谭先生出我意料之外地问起湖南文化方面的题目来了。而且之后一直围绕着这个主题问：

"湖南文化发展经历了哪几个阶段？"

"湖南东部少数民族为瑶族系，西部为苗、土家族系，它们对湖南文化发展各有何影响？"

这些题目，就我在地理系所受的教育以及我硕士论文选题来说，都是离得相当远的。好在老天爷助我，20世纪80年代中叶，湖南师大老校长林增平先生掀起了一股湖湘文化研究热潮，他那篇著名论文《近代湖湘文化初探》(载《历史研究》1988年第4期)里面一个重要的立论依据便是谭先生的《湖南人由来考》。我的导师何业恒先生正好跟林先生住隔壁，何先生曾领着我和两位研究生同学专门去拜访过林先生，要我们向林先生请教湖湘文化研究的问题。在林先生建议下，我曾在1989年春写成过一篇《试论凤凰三杰的成材因素》，试图从历史地理角度谈谈，何以湘西凤凰那么偏僻的一个边境小县，从清末以来居然走出了熊希龄、沈从文、黄永玉三个世界级名人。那篇习作写得当然很不成功，但因此浏览过当时能看到的大部分相关资料及论著。我把这些阅读和所做工作向谭先生做了汇报，虽然不能让他满意，总算每个问题都能说上几句。

图八　与谭先生合影

但当时给我的感觉就是很沮丧，完全跟不上谭先生的思路。他提问的方式和角度让我闻所未闻、匪夷所思。虽然没做系统性的阐述，但他的每一次问话都让我敏锐地意识到，他对湖南文化以及地域文化研究做过很深思考。当我向他汇报湘湘文化的研究状况时，他听得兴致盎然。他提醒我，湖南近代人才辈出和地域文化得以发展，陶澍很关键。

11 点稍过，谭先生不问了。其他几位先生也没提新的问题。他们要合议，让我退到走廊上。周先生给我一支铅笔和一本晚清出版的地图册，要我对前言进行标点。他说："不要紧，点多少算多少。"

大概过了五六分钟，周先生把我叫进去。谭先生很认真地对我说："你是搞文化地理的，近年我们这里将文化地理当作一个重点，你如果能够来，我们很欢迎。"

他把"如果"两个字说得很重。"但是，博士生读的三年中，应该有一半，至少是三分之一的时间要用于读书，读跟毕业论文无关的书。不能一上来就做论文。因此，你要是来了，任务是很繁重的!"

停顿了一下，他继续说："文化地理的论文有两种做法，一种是做断代的，像卢云那样，选一个时代，做全国；另一种是对称的，以某一区域为范围，做通代的研究。一般而言，区域的好做一些。你是湖南人，我建议你做两湖——以湖南、湖北两省为范围，做通代的。"

现在看来，谭先生这席话对我的倾向性已相当明显。但当时我深陷在对之前回答问题不够满意的自责中，只觉得四肢瘫软，一点都兴奋不起来。事后秘书老师看我神情落寞，问我是不是对英语没把握，我说英语没问题，只担心专业让谭先生看不上。可见我当时心情有多灰暗。

不过听到谭先生这么阐述历史文化地理的进路，我顿时觉得问题很大。这意味着我如果有幸跟谭先生读博，硕士论文的工作必须中止。于是我问谭先生，这刚开头的佛教地理研究怎么办。

谭先生说："佛教地理这个题目也有一定意义，但是对整个中国文化地理来说，不是最重要的；你可以等毕业以后再接着做，读博士期间还是先做两湖的区域历史文化地理研究。"

大约11点20分，面试结束。整个过程持续了3个多小时。

如今 20 多年过去，尽管我当时没写日记，但那一天的情景仍历历在目。在谭先生的学生中，我跟先生读书差不多是最晚的，因此，我总认为自己是最幸运的。是谭先生给我开启了一段崭新的人生，而这一切都始于那天的面试。结果出来前，我曾无数次安慰自己：就算考不上，这辈子也足以自豪，因为我至少已经见识了，怎样才是真正的大学者。

原载《书城》2011 年第 8 期

陪老师散步

我的硕士导师何业恒先生在生活中的一大爱好，就是散步。记忆中，跟他在一起的时光多半在路上，一边慢慢地跟着他走，一边听他讲话。他散步很有规律。无论阴晴寒暑，每天吃好晚饭，稍事整理，然后出门。一般是绕校园一周，大约个把小时。如果微雨，那就撑把伞。春秋佳日，偶尔也会跟师母相扶将出来走走。

图九　何业恒先生

他的这一习惯，我从大二时便略有所知。那时准备考研，打听到系里正好有这么一位以研究历史地理而著名的老教授，惊呼天助我也，一问便问到他家里去了。他家那时住上游村，去的时候正是晚饭后，师母说他不在，散步去了，要我改天再去。

谁知再去时他仍然不在，又散步去了。这一次师母让我在家里等，不一会儿，他回来了。我说明来意，他告诉我要先看古汉语、中国通史，随即问了我一些平常学习方面的情况。

从那以后，我去找他的次数便渐渐地多了起来。不敢说请教，因那时对学问根本未入门，还提不出问题，主要是为他誊稿子。何先生笔耕甚勤，定稿后需要抄清，认识我以后就喜欢把这个活儿交给我来做。

不知今天的弟子们还有多少人有幸替老师服这种劳。我以为这对于学生是一种极好的学术训练。那时我刚刚生发一份很美好的历史地理情感，课余练书法也非常起劲，给何先生誊稿子正好满足了这两方面的喜好。何先生的字迹基本上工整，只是关键句段常有修改，有些地方还推敲多次，为此免不了一而再、再而三地拉出一些字句写在空白处，甚至有浮签或将稿纸接长之类。他给我的要求是写字不连笔，遇有疑问就空出来。这样，我既可以大量试验各种字形的结体，然后工楷，同时还可以细细品味稿纸上留下的思维定型过程——对一个本科生来说，那些精微的字斟句酌固然难以深刻领会，但让我受用终生的是，从那时起，我就铭记，对于科研、学问，需要一种怎样的态度。

感受更深的是把誊好的稿子交给他之后。几乎每次，我誊好的稿子都会留下一些空格。有些是对原稿字迹吃不准，有时则是怀疑原稿存在笔误，特地空出来请他是正。面对我那些幼稚的质疑，他从无愠色，总是蔼然鼓励我说出自己的看法。何处可从、何处仍旧，亲切爽朗。从他身上，我第一次感受到世上有一种人，叫"学者"。

大学最后一个学期，我理所当然地请何先生指导我的毕业论文。两年后，我如愿以偿考上研究生，导师仍是他老人家。

真是冥冥中命运的安排吧，那一年我能及时获悉考上的消息，竟然也跟何先生的散步有关。他老人家1919年生人，到1986年才开始招研究生，偏偏那一年还没有人考上；到第二年好不容易有3个人上了线，把他高兴得——每天散步经过研招办都要弯进去问一问：通知什么时候发？发出去没有？问得研招办那个女老师非常感动，有一天终于告诉他："发出去了！"还把挂号信的存根拿出来给他看。这一看不打紧，何先生发现我的名字上多写了一竖，"伟"写成了"佛"。于是要研招办赶紧给我再写一封信，说明情况，让我凭此信领取正式通知。

当时我在老家中学里任教。眼见得季候一天天燥热，而复试通知还音讯杳无，内心早已渐渐地凉透。突然在一个黄昏，收到这样一封平信，真是如唐人所说"若幽谷之睹太阳"。也不管正式通知寄到不寄到——据说迄今仍下落不明——第二天一早就去了长沙。正好赶上两天后的面试。

那年秋天，以及之后的三年，我便有很多个黄昏，和师兄一起陪着何先生慢慢地走在校园里。一路上由淡而浓弥漫着从岳麓山上铺下来的暮色。

曾听很多人议论各地大学校园之美。如今我东西南北也稍稍走过一些地方，看来看去，觉得兼具各方之长，印象最深的还是当年的湖南师大。湖南师大坐落在岳麓山阳坡，背负泉石山林之秀；前面蹲着几座低矮的山丘，外面是一些湖泊、农田和菜地，一派明媚的潇湘间田园风光。穿过菜地，面前横着一道湘江；江中是自古以来著名的橘子洲，江对岸是长沙城。出校门往左，一站地之遥，便到了湘江大桥；右边往山里走，是湖南大学，它后面有上岳麓山的公路，串着岳麓书院、爱晚亭、麓山寺等景点。这样一个所在，既得乡野的天然、静谧，又与现代都市文明近在唇齿，就连游人上山那一点点的尘嚣都避开了，实在是弦歌一堂的绝佳去处。

跟着何先生，自然不能像我读本科时那样，沿着校园后面的林间小路一上上到麓山之巅，或者顺着田埂走到湘江西岸——那里夏天是天然浴场，冬天裸露着长达数里的沙洲。我们只能陪着他在校内的马路上走。每次都是何先生从家里出来，走到我们住的研究生楼，站在楼下高呼师兄和我的名字，我们答应一声，赶紧下楼，陪他下到七舍，沿着外马路缓缓回走，把他送到景德村，然后回宿舍。

这样一趟的锻炼效果非常明显。之前我们从来不用这种健身方式，以为运动量太小；走过第一趟回来，我和师兄都感觉浑身酸疼，才意识到何先生将这一爱好持之以恒实在有道理。

当然更引人入胜的是何先生一路上的谈话。从学习中的疑问，到生活细故，再到治学感怀，以至前辈嘉言懿行，想到哪说哪。印象中，何先生对我的教育基本上是在路上完成的。他很少正襟危坐对我们训话。就连上课——我已经忘了研究生期间他给我们上的课算几门，反正每次到了上课的钟点，我和师兄就去他家，有时去客厅，有时去书房；师母吩咐阿姨沏上茶来，我们一边喝着宁乡风味的热茶，一边听先生开讲。顶多讲十来分钟。大体是一杯热茶喝完，先生的课也已经讲毕。他采取专题式，每次讲一个专题，只轻轻提挈一番要点，然后师徒四人一起去图书馆，各自用功读书。

何先生不喜欢装模作样，无论为人为学，都率性至诚，本色天真。他从不多话，当然也绝不木讷。但凡有话要让我记住，他就伸出右手食指，边说边点："伟然啊，我只跟你讲一句话是的——"然后一字一顿地说出下文。

下文一般是四个字。他说过多少次，现在已经无法数计，印象最深的有三句。第一句在研一，当时我对未来没有想好，又是练书法篆刻，又去玩乐队；有一天去他家，作别时他面色凝重，对我说："我只跟你讲四个字是的——轻、重、缓、急，你要搞清楚呐啊！"这句话让我天人交战了好久。到研二开学时，我终于死心塌地准备考历史地理专业的博士。

第二句在研二快结束时，我去向他汇报硕士论文的设想。他作为一个历史动物地理专家，可是不希望我步他后尘，不愿我学位论文写珍稀动物。我彷徨了很久，觉得可以做南北朝的佛教地理，向他请示；他开始稍有顾虑，说这一方面他自己缺乏研究，但当我陈述几句之后，他用力地把右手往外一挥："你做！"随即给我指点了一些书籍，问我有何具体打算。我说，我希望去上海、北京走一趟，拜访几位先生、查些资料。他觉得可行，当即照准，临别时满面春风地对我说："好、自、为、之！"

第三句他说过多次，记得读本科时就有密友拿它跟我打趣，但现在能想起具体情节的是在硕士论文答辩之后。当时湖南师大地理系没有硕士学位授予权，毕业前我们去了西安，向陕西师大申请学位。答辩会上，我的论文意外地谬承史念海先生青眼，得了几句不足与外人道的鼓励；这是我平生第一次受到这样一位大家的肯定，当时吃的盐米不够，不自觉地可能有点骨头轻。第二天中午，正想独自溜出去享用一碗羊肉泡馍，从招待所出来，经过一个小巷，被何先生发现了。他把我叫住，语重心长地对我说："伟然啊，我只跟你讲一句话是的——谦、虚、谨、慎！"

图十　硕士答辩后合影，前排左 1 为朱士光先生，左 2 为何先生，左 3 为史念海先生，左 4 为李之勤先生，左 5 为曹尔琴先生；后排左 1 为李令福，左 3 为笔者

从研二开始，公共课上完，主要精力投入专业训练，何先生便经常带我们出差。此后我们陪他散步的场所，也就由校园而延伸至外地。

真搞不懂当年的湖南师大何以对我们那么好，给的研究生经费那么多。读研的后两年，我一共出了四趟差：一趟武汉、南京、上海，一趟上海、北京，一趟上海、福州，一趟西安、兰州。

那时我们出差，除了去西安是申请学位，其他都以收集资料为中心。当时何先生的专著《湖南珍稀动物的历史变迁》刚交稿(湖南教育出版社 1990 年出版)，随即他制订了一个宏大的新计划：将珍稀动物的研究推广至全国，范围扩展至二级保护动物。这一研究的主干资料是明清方志，散布在全国各地的图书馆，非去当地无从查阅。我当时出那几趟差，除单独去上海、北京是为准备自己的毕业论文，去武汉、南京、福州、兰州都是为配合这一计划。为此何先生买了一本《中国地方志联合目录》，里面几乎每一条目都有他留下的各种标记，很多页面上还做了批注。现在这本书摆在我的案头，每次打开，心情都久久不能平静。

图十一　何先生读过的《中国地方志联合目录》局部

印象最深的是从武汉去南京那次。在南京农业大学，我们住了约半个月。上班时间何先生跟我们年轻人一样，去农业遗产研究室读资料、抄卡片，动作很敏捷，我们不卖劲根本赶不上他。下了班一起回住处。招待所里开着一个套房，两个师兄住外间，我陪何先生住里屋。吃饭上大食堂，晚饭后在校园里走走。

特别有意思的是星期天。资料室不开门，我们又不上街，于是在招待所享清闲。我担心食堂关门，把四个人的早点都买了回来，可是他们躺着迟迟不起；我一边吃一边跟他们说话，走过来吃一个，走过去又吃一个，硬是帮他们把早点扫光。到了晚上，四个人围着电视机看歌手比赛，每一个歌手唱完，我们便揣摩着评委的亮分："九点一！九点二!"音调起伏，参差错落，何先生叫得跟我们一样开心。

后来在别处，我再也没有那么好的饭量。记忆中也不再有那么回味温馨的时刻。

但是，跟着何先生，总还有另一种收获。何先生重感情，每去一个地方，都要拜访一些师友。由此我们也就有机会跟着他见识一些平常难以见到的前辈。

我常想，一个学者的养成，天资明敏、执着用功固然很重要，但仅有这些恐怕不够，还须见一些人。古人云：读其书，想见其人；这是一种境界。而见识人，开会、听报告，固然比较方便，但仅仅这样也还不够。最好能聊聊天、散散步，这样才能见识一个人的常态。人的精神总是在常态下才会比较真实、自然、完整。

当然，这需要机缘。严重一点说，这是命。余生也晚，幸而曾随侍何先生左右，总算比周围同学多见过几位前辈。

头一位见到的马志琳先生，是何先生在蓝田国师（国立师范学院）读书时的同学。去年读中亚史名家王治来先生的回忆录，得知她还是王先生在国师附中读高中时的班主任。她退休前任华中师大历史系资料员，亲属中好几个大学者：父亲马宗霍，弟弟马雍，丈夫李修睦。

研二上学期我们去武汉，查资料不理想，赴南京前何先生决定拜访几位师友。他首先找到马志琳先生。马先生的家住在校外，具体位置我已经说不清楚。只记得从华中师大出发，走了好远的路，中间还坐了一段公交车。那显然是一片老城区，房屋低矮、破旧且杂乱，地形很复杂。巷子很多，很窄，而最突出的感觉是很脏。

下车后跟着何先生曲里拐弯，我不禁心里暗暗生疑：这哪是知识分子住的地方？简直就是贫民窟嘛。多年后我读回忆程千帆先生的文章，看到有人记述他在武大时的生活，说他住处周围环境很差，为此沈祖棻先生竟至被汽车撞死，我不由得深有感慨。我想，程先生住处应该跟我那次看到的情况相近似吧？在那种巷子里，确实是什么事情都可能发生的。

进最后一条小巷前，巷口的空地稍大，好些老人小孩在晒着太阳。我诧异地注意到一个老者在一旁默默独处，坐在小马扎上，身上的中山装又脏又旧，但神情伟岸，昂首望着长空，气势与周遭格格不入，如一尊摆错了位置的塑像。

马先生的家很洁净，与外面呈鲜明对比。她身材精致，待客的面条也非常素雅。何先生跟她谈起马宗霍先生，然后说到马雍。当时马雍去世不久，马先生着重讲了一些他的往事，说他太用功，每天带着馒头上办公室，就着白开水当中餐，中午在办公桌上睡一会儿午觉；长年累月，身体搞得很差，以致英年早逝。为此何、马两位先生叹惋不已。那之前我对马雍无所知，马老先生，我则读过他的《书林藻鉴》和《书林纪事》，听了那一场谈话很受震撼。后来何先生对我说，1957 年"反右"，形势对马宗霍先生很不利，他拂袖从长沙去了北京，这才躲过一劫。

近午时分，马先生招呼一声，说她丈夫回来了。我一看，正是刚才在巷口晒太阳的老者。马先生为双方介绍，说李先生是数学家，我国图论学科的开创者；我这才注意到他们家的橱柜上摆着一张奇长无比，像一幅卷轴画似的黑白照片，那是 1978 年全国科学大会的合影。写本文前查得资料，那次会议代表达五千人之多，怪不得照片那么长。李先生找了个矮凳子坐下，稍事寒暄，声调铿锵地给我们讲了一个故事。说是那次全国的科学大会开过以后，上行下效，省里也开科学大会。一个头头在主席台上做报告：科学的春天来到了，希望大家紧密团结在英明领袖周围，同心同德……话音未落，突然台下站起一个弓背老人，劈头打了那头头一个耳巴子，痛斥：当年"文化大革命"搞打砸抢，是你带头；现在搞四化，还是你带头；我的腰就是你打弯的，我怎么跟你同心同德？

故事听了很沉重，宾主双方无语，正好马先生端上面条，吃过后我们便跟着她去了石声淮先生家。

石家就住在马家左近。石先生是钱基博的东床，钱锺书的妹夫，早年也毕业于国师，比何先生高一年级，念的是中文系。后来我才听何先生讲钱老先生爱才而招石先生为婿的事。那天石先生很衰弱，神情委顿。何先生跟他谈了几句马宗霍、骆鸿凯，又问他钱锺书先生的近况，石先生稍作回应，慢慢地也把话题引到"文化大革命"上去了。他语调哀伤，眼里噙着泪，用手指一指远处两个书架，哽咽地说："书是发回来了，发回来又有什么用！"我顺着他手指看过去，架上全是线装书，随手翻开几本，每一本都写着密密麻麻的批注，蝇头小楷，朱墨灿然。

坐了一会儿，我们告辞。走到那个巷口的时候，李修睦先生又在那里豪气干云地坐着。我心里暗暗赞叹，不忍打扰。

回去的路上，何先生久久没有说话。我心里很感伤，觉得那一片天地都还笼罩在上一个时代的阴影里，无论物质空间还是受访者的精神世界。很想哼一首当时流行的那种苍凉哀怨的"西北风"以抒发心情，可是，何先生只顾一步步前行，我不好意思出声。

我注意到在李、石两位先生谈起"文化大革命"话题的时候，何先生只在一旁静听，从不接白。在他身边那么多年，零零星星听他忆过无数次旧，从没听他说起吃过的苦、受过的难、怄过的气。那些，他好像从不把它们放在心上，过去了也就让它们永远过去了。他甚至都不愿写回忆文章。电视剧《围城》播出后不久，其时我已经来上海念书，见面时我劝他写一写当年蓝田国师真实的学生生活，也回忆一下他那时的导师王庸（以中）先生，他默然，一直没写。他一心只想着做论文、写专著。我想，这正是他花甲后从学术上重新起步，还能发表百余篇论文、出版 6 本专著的根基所在吧。

第二天，何先生带我们去武大拜访唐长孺先生。马志琳先生早已帮我们联系好，此时又来为我们引路。

到的时候已经是午后，唐先生不在家，门口贴着硕大的告示。大意是唐先生身体欠佳，不便见客，请勿打扰，落款处盖着武大的公章。我们鹄立片时，唐先生回来了。他两眼已经基本上失明，掏出门钥匙，用手摸了几下才找着锁孔。门打开后，他对家里的空间摆设非常熟悉，很利索地领我们进了书房。他自己躺在躺椅里，请何先生坐旁边。

唐先生曾在国师史地系任教，是何先生大学时的老师。那天他们师生白发相对，主要是回忆国师往事。何先生很恭敬地坐着，担心唐先生听不清，身体不时前倾。他说了不少人事掌故，以及当时学生对时事的感受。言语间提到很多人名，可惜我对国师历史知之甚少，缺乏记忆支点，现在已经全忘了。只记得当时的情景：阳光从窗口斜进来，照在唐先生额上，非常明亮；

两位先生非常兴奋，何先生讲一句，唐先生哦一声，拖着长长的尾音，腔调苍老柔软却透着中气。

后来每当我拜读唐先生的论著，甚至每当看到他的名字，就会情不自禁地想起那个场景。

那之后我们去了南京，之后又到了上海，住华东师大。那是何先生的旧游之地，50年代他曾在那里进修过两年。他多次跟我深情地说起，当年李春芬先生很欣赏他的文史功底，力劝他研究历史地理。尽管他到"文化大革命"后才付诸实施，但内心里一直十分感激。

可那次我们去华东师大感觉不妙。刚到上海，就听说陈旭麓先生在先一天晚饭时走了。心脏病，走得很急。陈先生是湖南湘乡人，享年才70岁。这消息听得我们心里"咯噔"一下，觉得世界太无常。经过校园里一个转角处，熟人又说，这个地方对地理学家不利，去年一年南京大学就有3个地理学家在此出了事，或自己摔倒，或被自行车挂倒，总之是骨折、住院。这一八卦让我们更紧张。我们并不迷信，但何先生毕竟是马上70岁的人，做学生的岂敢有丝毫大意。加之师兄不停地提醒从上海去长沙的票很难买，弄得那几天师徒四人的情绪简直惶惶然。

住下后何先生还是带我们去拜访了两位前辈。一位是褚绍唐先生，著名的地理教育家，研究《徐霞客游记》和上海历史地理也非常有名，当时还不到80岁。我们去看他时，远远地在丽娃河桥头就碰见他。他体气较弱，举止颤巍巍的，说话声音也轻，我们在他家坐了不多久就出来了。

另一位当然是李春芬先生。他住在一幢小洋楼里，行动已经很困难。何先生领着我敲门进去，李先生在客厅里候着，看见我们，挣扎着起来让坐。何先生快步上前，扶李先生坐在躺椅里，然后自己在旁边就座。李先生说话很吃力，声音异常微弱，我这才知道他身染沉疴，但那天他精神尚可。何先生豪情万丈地向他汇报近年的工作，着重谈正在开展的研究全国珍稀动物分布变迁的计划，告诉他现存 8000 余种地方志，已经查阅近 5000 种，接下来再花一两年就可以完成资料收集，准备写 6 本专著。李先生听了颇受感染，不时加以勖勉。

以上几位前辈都是历史地理行外的，要不是跟着何先生，我很难有机会和他们接近。至于历史地理这一行内，我也有一些重要机缘是拜何先生之赐。

研三上学期去北京查资料，何先生带我去拜访过侯仁之先生。在侯先生的书房里，听他跟何先生谈了约个把小时。毕业前去西安，何先生又特地带我们去史念海先生家里拜访，谈了大半个晚上。自我参加学术活动以来，侯、史两位先生就没有共同出席过，我同龄的有些同行连谭、侯、史三巨头的面都没有见齐，而我居然有幸先后去他们书房里瞻礼，听他们言笑，虽时间短暂，受到的感动和激励是难以言宣的。

最后一次出差回校，四下里已经离歌遏云。同学们纷纷准备去单位上班。我一心想着念博，对此毫不措意。何先生问我：要是考不上怎么办？我说我没想过。

何先生说："走！反正现在没事，我带你去找单位，留个退路。"

那是1990年6月中旬，已是十足的盛夏。何先生领着我先坐公交车过河，然后走了好长一段路，去一个他认为我可以去工作的单位找人，把我的情况当面向对方推荐。其实何先生跟对方并无深交，说了大半天，对方嗯嗯啊啊地就把我们师徒给送出来了。

那一天赤日当空，我和何先生都没有带遮阳器具。走在路上，何先生汗涔涔地下。我心里老大不忍，可是何先生不气馁。他带着我又去下一家单位，后来又去了再下一家。下午回河西，他老人家已经很累。第二天又带我在附近跑了一家单位。

恰好葛剑雄先生及时来信，告诉他，我已经考上了。

接到信那天，何先生特别高兴。早早地吃了晚饭，就过来找我。往日他都是站在楼下叫我们下去，那天他自己跑到我寝室来了。研究生楼在半山腰，我寝室在4楼；何先生体态魁梧，登高素来不易。我很诧异，请他先坐下。他不坐，欢天喜地地掏出葛先生的来信，和我逐字逐句欣赏。等到信读完，他才坐下把气喘平，我送他下楼，像往常一样陪他散步。

真是奇怪得很，那天一路上何先生碰到的熟人特别多。每碰到一个，他就远远地招呼，然后隆重介绍：这是我的研究生某某某，今年考上谭其骧先生的博士生了！当时正值湖湘文化研究热潮，潮流的掀起者林增平先生在其开创之作《近代湖湘文化初探》中对谭先生的论著极为推崇，一时间湖南学界闻谭先生之名便鞠躬致敬。弄得我在一旁很不好意思。

　　一圈步散完，我送何先生回家。师母告知一个消息：某某人得了一个什么奖。印象中那个奖挺难得的，谁知何先生当即正色对师母说："咯有么子稀奇？还比得上考取谭先生的博士生呀？"

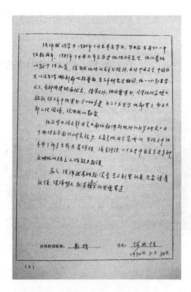

图十二　笔者硕士毕业时何先生亲笔写的导师意见

　　记忆中那是我最后一次陪何先生散步。自我负笈东下以后，不久何先生就和师兄一起来复旦开过会；之后10余年间，我回长沙的次数实在不能说少，每次回去，必去看他和师母；可是，再没有机会像以前那样慢慢地陪着他边走边聊。

今年是何先生九十冥诞，我自己带学生也已经十有二年。自认为受师恩深重，报答无门，只有想方设法对学生们好一点。可是，我能教他们念书，帮他们改文章，同时，还能在为人方面给他们一些要求和建议，生活上尽量给他们一些力所能及的关爱，却迄今未能像何先生一样带他们散步。

不知是住得离学生们太远，还是带学生的数量太多。清夜遐思，常听到何先生那熟悉的宁乡话："谦、虚、谨、慎"，"好、自、为、之!"

原载《读书》2010 年第 4 期

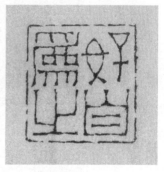

图十三　谦虚谨慎　　　　　　图十四　好自为之

独辟蹊径　为霞满天

——略述何业恒先生对于中国历史地理研究的贡献

自大学二年级时承先生指点历史地理学的入门途径，俟后屡屡叩扰请益，再后来忝列门墙成为先生的硕士研究生，辱先生教诲前后已历14年。当初上游村中受教的情形犹如昨日，而今秋已届先生八秩之期，逝者悠悠，良可叹惋。自恨学业无成，有负先生瞩望，值此先生华诞，又不胜鼓舞欢欣。因不揣疏陋，敢述先生学术成就之一二，聊以为称觞敬祝之献云。

一

何业恒先生于1918年的农历十月十七出生于湖南宁乡，1939年考入国立师范学院史地系。该校为今湖南师范大学前身，学制五年，抗战期间创办于安化蓝田镇（今属涟源市），授业诸师多一时之选。先生就读时该校实行导师制，先生的导师为著名地图史家王以中（庸）

先生。

1944 年毕业以后，先生即致力于中等教育，其间新中国成立初年曾入武汉中原大学历史系进修一年。1956 年 8 月调入湖南师范学院地理系，随即到上海华东师范大学地理系进修两年。在华东师大他遇上了著名地理学家李春芬先生，李先生得知先生的学术基础后极力鼓励先生从事历史地理学的研究工作，但机缘蹉跎，这一愿望长期未能付诸实现。

1979 年春，先生应邀前往中国科学院地理研究所，与文焕然先生合作进行中国森林和野生动物变迁的研究，从此拉开了他从事历史地理研究的序幕。在北京 15 个月的时间里，他与文先生共同完成了 15 篇学术论文；回到长沙后，他专心致志，开展了大规模的历史地理学研究。起先的几年，他立足于湖南的空间范围，先后主持撰写了 2 本合著和 1 本个人专著；80 年代末叶起，他逐步将研究内容集中至珍稀动物，而将空间范围扩大至全国，陆续出版了 6 本专著。除此之外，他还发表了多达百余篇的学术论文。

先生的这些研究成果，其为数之丰可谓是惊人的。而弥足珍贵的还是这些论著所承载的巨量学术贡献，其大端有二：一是，对中国历史动物地理的探索；二是，对湖南区域的历史地理研究。兹分述如次。

二

　　历史动物地理是历史自然地理学的分支领域。在何先生的系列成果问世之前，中国历史动物地理并不是一个重要的学术领域。尽管其学科地位从理论上不难得到认可，但实际上还很难看清它的存在，以至于到反映80年代初期我国历史地理学总体水平的《中国自然地理·历史自然地理》(科学出版社1982年版)一书中，由于"研究工作还很不够"从而"只好暂付缺如"的自然地理要素，便有一个是动物。

　　个中的原因无疑很多，我想至少有三个方面。其一是作为现代科学的历史地理学其形成的历史还很短，发展的程度还比较有限，因而有不少领域还没有来得及开拓。其二是来自现代地理学观念的影响。在现代地理的研究当中，动物地理并非显学，职是之故，历史时期的动物地理也未能引起足够的重视。这一点当然与前一点有关，但值得在此特别指出。因为近期的研究进展已足以表明，历史地理学并不是现代地理学的历史翻版，它在很多方面具有自身的发展规律。对此，过去的认识是很不深刻的。

　　其三则是受到历史动物地理本身研究难度的制约。这一难度首先表现为对研究资料的要求很高，实际上这也是整个历史地理学的共同特点。因为历史地理是一门双维的学科，它既要求复原事象在空间上的分布，又要求揭示其在时间上的演替。两个维度须同时满足，比起过去地学中重空间而忽视时间，或者史学中重时间而忽略空间的研究路数，对资料的要求大为提高，非穷尽史籍不能保证其研究精度。再则，在极为庞杂的史料当中，有关野生动物的记载非常混乱。其他姑置无论，仅命名就很不规范，以致珍稀动物大多拥有若干的异名。例如，大熊猫在古籍中称为貘、貊、貔，金丝猴则被称为猓然、金丝狨、狨、猱，等等，极为繁杂，随时间和地区而异，为史料的判读带来了不少的障碍。当然麻烦远不止于此，如果只是有些异名问题还比较单纯，真正令人头痛的是，很多珍稀动物的名称往往很容易混淆。对此，陈桥驿先生曾有一段精彩的论述："在这些(旧)志书中查索动物名称，通名与俗名混用，本名与别名交错，有时一名为数物所共有，有时数名却共系一物。混乱颠倒，不胜其烦，鲁鱼亥豕，出错更属难免"(《中国珍稀鸟类的历史变迁》序)。这就深切地道出了个中甘苦。志书尚且如此，其他史籍犹有过之，即此可以概见研究历史动物地理的难度。

然而这种种的困难在何先生的眼里都成了等闲。他首先是花费了极大的精力广泛地搜集资料，从历史文献、考古材料到当代的调查研究报告，力求全面占有。其中的大头是各地的方志，何先生查阅过的近 8000 种。也许有人不太明白这是多么了得的功夫，须知这些方志的收藏散布于全国各大城市的多家图书馆，其中相当一部分数量已属于珍本、善本之列，偏偏不少图书馆又有

其自己独特的服务规矩，何先生为此付出的辛勤，大概
只有天涯同命人庶几能够体会。他以古稀的高龄，还多
次到武汉、南京、上海、北京、西安、兰州等地收集资
料，前后积累了两万余张卡片。

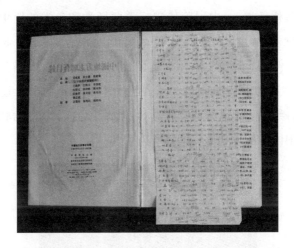

图十五　何先生读过的《中国地方志联合目录》

在充分占有资料的基础上，何先生撰写了大量的研
究论文，并出版了一系列的学术专著。最先出版的是
《湖南珍稀动物的历史变迁》(湖南教育出版社 1990 年版)，
这是以湖南一省的空间为限，内容包括哺乳类、鸟类、
爬行类、两栖类和鱼类。之后他分门别类出版了一系列
专著，其中《中国珍稀兽类的历史变迁》(湖南科学技术出
版社 1993 年版)包括了大熊猫、金丝猴、长臂猿、亚洲
象、野生犀牛、麋鹿、白鳍豚等 32 种国家一级保护兽
类，《中国虎与中国熊的历史变迁》(湖南师范大学出版社
1996 年版)论述了 6 种虎和 4 种熊，《中国珍稀兽类(Ⅱ)

的历史变迁》(湖南师范大学出版社1997年版)讨论了猕猴、穿山甲、小熊猫、水獭、野麝等30多种国家二级保护兽类,《中国珍稀鸟类的历史变迁》(湖南科学技术出版社1994年版)探讨了褐马鸡、黑鹳、绿孔雀、丹顶鹤等31种珍稀鸟类,《中国珍稀爬行类两栖类和鱼类的历史变迁》(湖南师范大学出版社1997年版)则复原了马来鳄、扬子鳄、鳄蜥、蟒蛇、玳瑁、鼋、大鲵、中华鲟、文昌鱼等55种珍稀动物的分布变迁。这6本专著字数共计逾百万,绘制有121幅动物分布地图,汇成了一套蔚为壮观的中国珍稀动物历史变迁研究系列。

图十六　何先生系列著作书影

　　何先生对于中国历史动物地理的研究,主要是围绕珍稀动物的分布变迁而展开的。这是该研究领域中最基础,因之也是至关重要的一个问题。珍稀动物之所以成其为珍稀,是由于其种群数量特别少,生态关系特别脆弱。就是说,其对于环境因子特别敏感,具有一种指示生态环境的作用。以此而展开研究,不仅可以揭示生态群落本身的变化,而且可以反映整个自然环境的变迁,其意义是显而易见的。可以说，这是中国历史动物地理学的核心内容。

珍稀动物的地理分布在我国历史上曾经发生过巨大的变迁。有些珍稀动物在历史上分布相当广泛，后来逐渐至于绝迹，诸如野生犀牛和麋鹿。而目前在我国尚有分布的珍稀动物，其历史上的分布变迁也十分剧烈，何先生著作中述之甚详，在此无须举例。过去曾有人注意到其中的某些片段，如徐中舒先生在1930年发表了《殷人服象及象之南迁》(《中央研究院历史语言研究所集刊》第2本第1分)；但珍稀动物分布变迁的完整面貌，则通过何先生的工作才得以揭示出来。他一共论述了165种珍稀动物，包括一些在我国境内已经绝迹灭种的以及现存的一、二级保护动物，时间从史前一直通到现在，这一工作足以使历史动物地理成为中国历史自然地理中不容忽视的重要门类。

地理分布的变迁，只是历史动物地理研究的一个专题，但毫无疑问，它是最为基础，也是工程量最为浩大的一个专题。实际上这就是一个复原历史时期动物群落的工作。如果这一专题搞不清楚，其他一切的专题研究，诸如分析历史时期的生态系统、复原历史时期的生态环境乃至于探讨动物生态幅度的变化，都无异于空中楼阁。何先生深谙此中道理，倾其主要精力于此，为中国历史动物地理的研究奠定了一层深厚的基础。

在复原地理分布的过程中，何先生进而探索了导致分布变迁的原因。这一原因有两个方面，一是生态环境的演变，二是人类活动的影响。何先生在其论著中，从动物的具体习性出发，多处对此进行了分析。两者相较，后者无疑更其显著。由于珍稀动物具有很高的经济、药用和观赏价值，人类从认识到这些价值开始，便注定要成为它们的最大天敌。人类不仅毫无节制地对它们捕捉猎取，使得其种群数量急剧减少，而且还盲目地破坏森林、污染环境，从根本上摧毁它们赖以生存的家园。犀牛、麋鹿从我国绝迹的主要原因是如此，其他珍稀动物分布变迁的原因也莫有例外。在全世界都关注环境、灾害和可持续发展的今天，何先生的工作真切地披露了我国在生态环境保护方面应该吸取的惨痛教训，有其深刻的现实意义。何先生亦在论著中三致意焉。

与人类活动加剧的同时，生态环境本身也在不断地变化，这对于珍稀动物的分布变迁无疑有着不可小觑的直接作用。由于迄今对于生态环境变迁的研究程度还比较有限，现在正好可以反过来，从珍稀动物的分布变迁去推测生态环境本身的演变。这方面的工作在何先生的论著中已经含有一定的分量，目前他仍在做进一步的探索，不久可以看到他的新作陆续发表。

三

关于湖南区域的历史地理研究，在何先生着手之前也是非常薄弱的。相关的论文甚为寥寥，专门的著作更是未能出现，许多重要的学术问题都还不曾引入讨论。

从 1980 年开始，何先生为此花费了近 10 年的时间，筚路蓝缕，辛勤耕耘，其成就之巨引人注目。

何先生的这些学术成就集中于三个方面。其一，生态环境的历史变迁。这是何先生关注最早、历时最长且用功最勤的一个课题。个中包含有两个专题，一是湖南珍稀动物的变迁，上文已经述及。何先生就此发表了大量的学术论文，后来融汇为《湖南珍稀动物的历史变迁》一书，并由此引发了他对全国范围历史动物地理的研究。另一专题是湖南森林的历史变迁。他对此也给予了高度的重视，除与人合作发表了《湘江下游森林的变迁》（《历史地理》第 2 辑，上海人民出版社 1982 年版）、《澧水流域的森林变迁》（《湖南师院学报（自然科学版）》1983 年第 2 期）等论文之外，还撰有一部 5 万余字的《湖南森林的变迁》。该文作为林业部组织编写的《湖南森林》（湖南科学技术出版社、中国林业出版社 1991 年版）一书的第二章，对森林的植被类型、演替过程、演替方式及其产生的影响做了扎实而深入的探讨。以笔者之寡闻，这种研究目前在湖南是唯一，在全国也还是不多见的。附带一提，何先生自 1989 年离休以后，再没有获得任何科研经费，为出版中国珍稀动物变迁研究的相关专著，他先后补贴了 5 万多元费用，这些钱都是他亲自点滴筹措而来。念及学术之外的种种艰辛，除了对何先生弥增敬佩，也不能不令人黯然神伤。

其二，湖南历史时期的农业发展。这一问题是与环境变迁息息相关的。何先生在这方面的研究成果除了一些单篇的学术论文，集中地表现为他主持完成的两份研究报告，即收录在《湖南省农业区划》第 1 辑中的《洞庭湖区环境变迁与农业发展概况》(湖南科学技术出版社 1986 年版)，和第 6 辑中的《湖南省农业发展史》(湖南科学技术出版社 1989 年版)。前者以洞庭湖区为空间范围，系统地阐述了该地区自然条件(气候、水文、泥沙)的演变，农业社会经济条件(人口和劳动力、居民点和城镇、交通运输业)的变迁以及农业生产的历史发展。后者则本着历史地理学的观念，对湖南全省各个时期的农业发展状况做了全面的阐述，包括农业发展的临界条件、水利设施、耕作技术、产业结构、生产水平以及其地域差异。这两项研究在湖南都具有开创性的意义，尽管其中牵涉到的某些问题后来已有进一步的研究，但它们在总体上至今仍不失学术价值，尤其是前者，后来发表的某些相关文章甚至还没有达到它的水平。而且，由于这两项研究都是配合当时湖南省的农业区划工作进行的，它们的完成为当地的经济建设提供了科学的决策参考。正因为具有这种第一生产力的作用，它们分别获得湖南省优秀科研成果的三等奖和一等奖。

其三，湖南的历史人口状况。这一问题与环境和农业都有异常紧密的联系，何先生对此十分关切。他曾在大型丛书《中国人口（湖南分册）》(中国财政经济出版社 1987 年版)中写过一章湖南历史人口状况，为湖南历史时期人口的数量发展及地理分布做了通代的研究。这也是湖南区域历史地理研究中的首次。这一研究不仅复原了湖南人口的数量演变史，由此可以看出湖南历代的人口地理格局；而且还结合全国的背景，对这一格局及其嬗递过程做出了解释，将讨论推进到了相当的深度。该书曾获得湖南省社会科学优秀成果的二等奖。笔者此前在探讨湖南文化发展过程的时候，社会经济方面的背景便主要参考了何先生的这一成果。除此之外，何先生就洞庭湖周围的历史人口迁移问题，与人合作发表了若干篇论文，如《益阳历史人口的迁移》（《人口探索》1984 年第 2 期），还指导过一篇以该地区历史移民为选题的硕士论文。这些研究发掘了相当数量的第一手资料，提出了不少富有学术价值的见解，为湖南区域史的有关研究奠定了良好的学术基础。

　　上述三个方面，从自然到经济，所涉及的内容相当广泛，讨论的又都是涉及人类生存与发展的重要问题。它们虽然是立足于湖南一个区域而进行的研究，但无疑具有全国性的意义。因为全国正是由湖南这样一个一个的区域组合而成的，而每个区域的研究都须有条件相似或不同的区域以资比较才得以深入。明乎此，便不难理解何先生的工作对于全国的区域性历史地理研究所具有的深刻意义。

四

　　以上粗略地叙述了何业恒先生对于中国历史地理研究的贡献，由于笔者在何先生的专长领域中缺乏研究，所言未免肤庸，且多有挂漏。但师事之日既久，对何先生的为人为学感受颇多，在此也略陈一二。

印象最深的是何先生那强烈的进取心和勇于开拓的过人胆识，这是让笔者终身为之感奋的。何先生投身于历史地理学研究的时候，已经过了花甲之年，对一般人而言，是该考虑如何颐养天年的岁数了，然而何先生秉烛而行，壮心不已，承担一个又一个的课题，撰写一本又一本的专著，不停地探索新的研究领域。尤其是到了70岁以后，他还豪情满怀地拓展中国历史动物地理的研究。曾有人对笔者表示疑惑："何先生那么大的年纪了，教授也早就当上了，还图个啥呢？"如今，何先生已经将中国历史动物地理这个令许多人望而却步、到目前为止还后继乏人的学科领域提升到了一个规模宏大的空前高度，无须笔者再多加诠释。可以肯定，如果没有何先生的精进勇猛，我们也许再过多少年也看不到中国历史动物地理的现在面貌。

何先生并非不曾意识到自己的年岁，他曾经对笔者沉痛地感叹，要是他能够年轻十岁……正因为有这样一种时不我与的紧迫心情，他工作起来比许多年轻人还不要命。从他发表的论著数量，过来人不难想见他勤奋的程度。笔者曾有不少的时光与何先生一起在图书馆度过，也曾多次随他到外地查寻资料，先生孜孜不倦的刻苦情形，百折不挠的坚韧毅力，至今想来仍不禁为之动容。

这种勤奋来自对学术的执着追求。何先生对于学问是非常虔诚的。他的论著朴实无华，资料充分，既不借花里胡哨的文字以媚俗取宠，也不发大而无当的高论以惊世骇俗，着意的只是丝丝入扣的科学论证。其收集资料的态度更是严肃。在此且举一小事为例。笔者在大学毕业的时候，选定了何先生建议的《南洞庭湖的由来与演变》一题撰写毕业论文，由何先生指导。他先是指示了解决这一问题的途径，并代借了一些资料，那些资料是学生没有资格借阅的；待笔者研读了一番之后，他提出要带笔者到南洞庭湖所在的沅江县（今为沅江市）去，实地考察，并收集一些当地的资料。笔者既兴奋又未免惊讶：何先生对于洞庭湖区的情况本来已是如此的熟悉，他的故乡与洞庭湖密迩，又做过洞庭湖区的研究课题；仅仅为了指导一篇本科生的毕业论文，竟还要亲自带领学生到当地去调研一趟。当然，何先生那次出去并非光为了笔者这一篇论文，从沅江他接着又带上另一位同学去了南县。多年后笔者才察觉，这不过是何先生工作的一贯风格，无论做研究或者指导学生都是如此。

　　类似的感觉实难以尽述，末了只需再指出一点。当年何先生开始研究历史地理的时候，三湘四水之间只有他独自一人默默地奋进。在他的感召下，湖南师大的学生，尤其是地理系毕业的学生钻研历史地理学的风气蔚然兴起，迄目前为止，获得该专业博士学位的已有5位，正在攻读博士学位的有1位，此外还有不少对该专业持有特别研究兴趣的发烧友，虽不能说是"唯楚有材"，但已确实"于斯为盛"。这一蒸蒸日上的繁荣景象，无疑是何先生为中国历史地理学做出的又一贡献，当然，同样是一项非常重要的贡献。

原载《历史地理》第 15 辑

上海人民出版社 1999 年出版

无处登高

——怀文元珏先生

我是在一次回乡途中偶然看到校友录上的黑框，才知道文元珏先生确实已经走了。

当时正好在醴陵，文先生的老家，那里正好有一位毕业于湖南师大历史系的旧友，于是我赶紧向他询问。我想，以他与文先生同乡又且共系的身份，对文先生该了解得比我多一点吧。孰料殊不尽然。他说，他与文先生并无交往。一来，他考进系里的时候文先生已经退休；二来，更重要的一点，他听说文先生其人不好接近，大概属于恃才傲物的那种。只知道其学问非常之好，为陶公(即著有《五代史略》的那位陶懋炳先生)所佩服的两个人之一，而论著却很少。仅此而已。

这番话让我颇感意外。在我的记忆中，文先生完全够得上是一个很和善的人，怎么会至于不好接近呢？我与文先生交往并不多，但自认情谊尚不在泛泛，我想象不来他的"恃才傲物"会是怎么一个样子。

最先碰到他，是在图书馆的古籍部。那时湖南师大的图书馆还在校园中最高的那座小山上，山脚下是一条马路，古籍部则在书库的五楼和六楼。要上古籍部得先入书库，本来我是不够资格的，因为做毕业论文的需要，有幸得到特许。那样的一个所在，进进出出的实在也没有几个，每天按时来点卯的，除我之外是我那年逾古稀的导师，别的还有没有我已不记得了。偶尔露一面的，则颇不乏人物，当然也以长者居多，如中文系的何泽翰先生（著有《儒林外史人物本事考略》），每次来都声震屋瓦，我便是在那里得以一睹他尊容的。

文先生来得并不张扬，每次待的时间也不长，轻车熟路的，查完书就走。以至于好长时间我都搞不清他是何方神圣。照过好几面之后，有一天我冒昧请教他尊姓大名，他用一口纯正的老派长沙腔作答，并用笔写下"文元珏"三个字以免误会。实话说，我当时并没有把这几个字太放在心上，直到有一天从别人那里听到他的故事。

说故事的是历史系的一位研究生，与我同年级。那是一个妙人，堪称怪才。论聪明，论功底，他在我们那一届研究生中是数得着的，就是在我从小到大所有同过学的人当中他也数得着，但他却不读书。不读书本来没什么，那几年不读书已渐渐地成为时尚，但他却掩抑不住满身的才气，特别地消沉，又异常激愤。据说他在外头做生意做得很起劲，我没有得见，但在寝室里搓麻将搓得不舍昼夜，则确属事实。我经常在凌晨三点睡觉前听到他们那边传过来一种熟悉的声音，时而"嘈嘈如急雨"，时而清脆如炸雷，有时第二天早上一觉醒来，雨声雷声仍在继续。有一天黄昏我从水房洗碗归来，经过那门口，看见他独自在赋闲，于是进去，想和他谈谈毕业论文的事。他陡然发出一声长叹。经过一阵短暂的沉默和几句"读个鸟书"之后，他忽然向我慨叹起读书之难。他的难处如今我已不好意思启齿，因为我也已经忝为人师，但他讲的具体事例当时的确令我觉得新奇。他说，他曾在一条史料中碰到用典，遍询诸名公不得其解，后来向一位老先生请教，老先生竟脱口指出，典出《诗经》，使他的疑难涣然冰释。

我忙向他请教那老先生的名字。他转入沉吟，半天才挤出一句"他叫文元珏"，并且补充说："说了你也不知道——他退休了。"我告诉他文先生其实我已见过面，只是还不了解而已。他颇有点意外，于是便给我讲述了几桩文先生的往事。

文先生是蓝田国立师范学院毕业的。凡读过钱锺书《围城》的人，对这个大学想必不会陌生，小说中的"三闾大学"便是它的一个影子。1957年他被打成右派，下放农村，直到"文化大革命"结束才调回来。调回来先是被放在资料室当资料员，后来因为教历史文选没人，于是改教历史文选。不久便因为年龄关系奉命退休。退休的时候，学校给予照顾，说可以搞个"评退"，赠送一个副教授称号，文先生说"我不要"，于是也就以讲师的身份退了休。

退休了以后，老先生觉得非常痛苦。一来祖传几代的书香，到他这里断了线。他有好几个子女，出身时因为他的问题，都没有读成书。二来自己年轻时焚膏继晷，到老来却未能成就名山事业。老先生数十年视读书如性命。祖上曾传下不少书籍，"反右"时被抄出来扔在禾坪里，堆了一禾坪，一把火全烧了。在乡下劳动时，没有书读，也没有读书人，把他闷得直发慌。有次他终于打听到附近有一位硕儒，步行了十几里，想去找那人说说话。去的时候正好那位在对人评诗，称，"画眉深浅入时无"的"深浅"二字大有问题，画眉只可讲浓淡，哪来深浅？文先生闻说此言，扭头就跑，竟未交一言。

这些事当时曾让我非常感动。当然现在回想起来我仍不能心如止水。我还记得小时候先伯父为找书读而上下求索惶惶如丧家之犬的样子，也记得隔壁生产队那个广东来的右派分子每每在大风大雨中出来劳作的情形。清初刘献廷曾有感于"湖南无半人堪对语"，而在我小的时候，乡间连《幼学琼林》或《增广贤文》都找不到。我想象得出文先生以右派而居乡时的窘迫。但我却无法体会他在退休时的心情。多少人为了"职称"而无所不用其极，如痴如醉，生死以之——哪怕是一虚的（所谓"名片"），文先生弃之如敝履，这大概是湖南人才会有的派头吧？

那之后不久，那老兄传过话来，说文先生邀我们什么时候到他家里去玩。无疑，这是那老兄向他介绍过我的结果。我计划着，还没有去，文先生已经跑到我寝室里来了。他看了看我架上的书，没说话，却要我给他刻两方印。看来那老兄跟他说我说得还挺细，文先生竟知道我会摆弄两刀。一方是他的名章，一方是号，"拙叟"。印稿还没起好，他又跑到我寝室里来了。他拿来两方印，是他托人请一位老书法家刻的——作者和印文我可都忘了——要我给看一看。我说，的确是好印，我绝对刻不来。文先生得着我这态度，很开心。他告诉我那作者对这作品也很是得意，自称想不到 80 岁的人还有如此腕力，证明还可以不服老云云。那情形仿佛文先生自己受到赞美一样。

待我将两方印刻好，已是 6 月份我答完辩之后。趁他请我上他家吃饭，我给他带了去。那天他本来是请我们两个人的，结果只去了我一个，而且去得还有点晚，害得他顶着烈日到半道来迎。他家住茶山村，号数我已说不准，只记得在第一幢房子的当头，外观已显得相当老旧。饭后他让我到书房里去坐。那个书房其实并没有几本书。偌大的一个书架，空空荡荡的，从那种满目萧然的景象推断，不大像还有书藏在别处。我看了一眼架上，书确实都不错，都是我这个年纪的人已经不大买得到的书。他容我坐定，说，你还可以，倒还有余力买一点书呵？我没想到他会问这句话，一时不知如何作答。以我当时的情形，哪里是有什么余力哟？我只不过好这个，将人家用在嘴上、身上的钱省下来花在书上罢了。他见我辞绌，也就将话题转移，问了一些我专业上的事。

我向他提起陶懋炳先生，他顿时生出无限感慨。他很认真地说，陶先生真不容易，负担那么重——要教书，有家庭，还能做出那么多学问来。这话我当时还不大理解，我觉得做学问哪有什么负担不负担的。几年后，我自己也成为教书匠，才懂得"不容易"几个字的分量。他说，陶先生是命好的，1957年"反右"，陶先生于先一年去了北师大进修，不在此地，逃过一劫；要不然，以陶先生的为人，打成右派是谁也没得话讲的。他又给我说起湘中两位大儒，一位是李剑农先生，学校里曾要他交照片，作为办教授聘书之用，李先生说，我没得照片；而另一位则在评上一级教授之后，写信遍告亲友：我评上一级教授了！文先生叹着气说，李剑农先生哪里会是没有照片嚛？他是将此事不放在心上，聘不聘由他们去啊。

这两种做法确实代表了湖南人性格的两种表现。不知怎么的，文先生把话题扯到了他自己身上。他脸上的表情异常痛苦。我从没有见过一个老者在被痛苦击中时会有那样凄惨的表情——况且又是湖南人。他从祖传藏书被焚讲到自己年轻时的用功，声音一顿一顿的，中间叹着气，很低沉的气。他说年轻时读书也曾用过功的，别的没有什么，"三通"的那些序都背过。但是没有用，都没有用。突然，他像是对我，又像是自言自语地说：陈寅恪先生的诗也写得很好；——他何得不会写诗呢？他是陈三立的儿子，何得不会写诗呢？

我无言以对。我不会作诗，不知道如何应对是好。

我也不记得那天是如何离开他家的。最后一次见到他，是在那之后不久。他知道我要到异地去求学，给我写了一副对，联语是他自撰的，可惜墨已不好。我一直没有挂，没有地方，也不好意思。那之后住处已搬过 5 次，还不知那对联在不在。别后的第二个暑假，我回长沙收集资料，原打算离开前去看他的，不想突然得到先师谭其骧先生的噩耗，仓皇返校，他那里也就没有去成。再后来几年没过长沙，依稀听到说他已经走了。

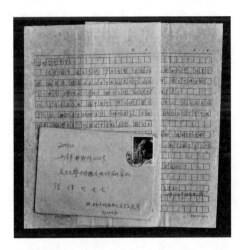

图十七　文元珏先生给笔者的书信

不知道文先生最后是怎样走的。真应该为他凭吊一番，可惜所居近海，无处登高。再说此地也不兴这个。这里流行的是替有钱人说话，找有势者帮忙，区区一介寒儒——若以某种标准衡量，文先生也许连个"儒"字也够不上——实在是没有多少利用的价值。且待回乡时再说罢。我只暗自为自己庆幸，自初中起就碰上了一个安定的时代。虽饥寒之迫有时或不免，但最起码，念书的自由还是比较充分的。我辈有书读，可以写文章，福分已自不浅。语云："宁为太平犬"，信然。

　　附记：这篇文章从去年8月份开始写起，写了数百字便因思绪凝涩而写不下去。近读莫砺锋先生所作《程千帆评传》（《学术界》2000年第4期），其中写到程先生向匡亚明校长表示感谢，曾引习凿齿对桓温所说的话："不遇明公，荆州老从事耳！"深受触动，因而本文才得以完成。在此实在要谢谢莫先生。碰巧习凿齿、程千帆、文元珏都是楚人，我不禁想起老杜的两句诗："怅望千秋一洒泪，萧条异代不同时。"

原载《学术界》2002年第3期

镇篁出凤凰

一

20多年来，我对凤凰一直保持着特殊的关注，尽管从没去过。

1988年，我在岳麓山下读研；深秋，业师何业恒先生带我去拜访住他隔壁的林增平先生。当时林先生那篇《近代湖湘文化初探》问世未久，受此影响，"湖湘文化"在三湘四水间高唱入云。何先生自己是历史地理学家，尤以珍稀动物的分布变迁研究堪称独步，可他希望学生们对乡邦文化能有所钻研。林先生说：凤凰作为湖南、贵州交界的一个偏僻小县，近代以来出了三个世界级人物——熊希龄、沈从文、黄永玉；要是能对他们何以成功探讨一下，将是一件很有意思的事。

这是我第一次接触凤凰。之前，只对熊希龄、沈从文有一些了解，但从没关注过那个地域。由此也种下了我后来从事湖南历史文化地理研究的前因。一年半以后，当我负笈沪上，投考谭其骧先生的博士生，多亏有了这一段用功，对于谭先生在面试中提出的关于湖南地域文化的问题多少能够应答一点。谭先生当即对我说，如果能够考上，希望我就湖南、湖北的范围做一个区域历史文化地理的工作。

当时"湖湘文化"的热潮刚刚兴起。就是在全国，研究地域文化也还不成气候。很多人都在做一些概述性的讨论。而湖南师大已出现了多位用功甚深的专门家。其中一位是中文系凌宇先生，他关于沈从文的研究早已引起国际性的关注。另一位是历史系周秋光先生，他对熊希龄资料的整理和研究也已广受学界佳评。两位先生都在锦年素时，他们对我的登门求教从不嫌弃，或提示资料，或分享心得，让我每次想起来都感念不已。

更令人感念的还有另一个场景。当资料读得差不多时，我清理了一下思路，想再去找一次林先生。正筹划着，有一天在去图书馆的路上碰见了他。当时漫天飞雪，他身着青色外套，缓缓地从政史楼旁边的长坡往下走。我迎上前去，向他汇报。他且说且走，一路转过语数楼，把意见说完，然后缓缓离去。我站在雪地里，心潮澎湃，眼前弥漫着一片温暖的绵白。

转年开春，稿子杀了青，参加学校的五四征文，榜上亦有名。学校原本说要出一个专辑，但不果行，不知跟入夏后的形势变化有无关系。总之，文章交上去后如泥牛入海，直到8年后回母校参加学术活动，当年经手其事的一位同学谈起，才知原稿尚在其箧中。因请寄还，恍如隔世。

现在看来，那篇习作非常幼稚。我之所以不讳言于它，一是不敢忘怀师恩，二来可用以考验自己读书的进境，其三还有个妙用，就是每当看到学生的作业怒不可遏时，回看一眼自己的当初，可以多一份仁恕之心。

那篇文章从时代、凤凰的自然环境和民俗、少数民族血统、相互间影响五个方面展开，统共 5000 字。面面俱到，泛泛而谈。其中最不能解释的是：文中提到的那些客观因素在其他地方，至少在湘西简直是普遍性的存在，为何只有凤凰出了三杰？

二

文化地理学研究人物的成长环境，以探讨环境对所出人物的激励和制约，从技术上属于统计分析。在人文社科领域，统计分析最重要的前提是分类。我在前文中没有意识到个中利害，对"凤凰三杰"等量齐观。其实，他们的成长很明显分属于两种类型。

熊希龄属于科举入仕。他的成功首先是天资聪颖，科场得意。14 岁入学，19 岁中举，24 岁成进士、点翰林，这些，与凤凰的环境基本上无关。如果说有关，只能说是负相关。在一些文教昌明之地，士子足不出乡里就可以完成受教育的全过程；而身为凤凰人，熊希龄为完成学业，不得不转徙芷江、长沙。因而，他的成功在凤凰很难被复制，当地以类似方式达到与他相当高度的人绝无仅有。

问题是，科场得意而顺利入仕的并不鲜见，而作为堪与熊希龄相提并论的为数不多。这，恐怕不能不认为其中有着凤凰那个环境的影响。

当熊希龄成长时，凤凰的行政建置是直隶厅。直隶厅是清代特有的行政制度，主要设于一些开发尚未"成熟"的地区，境域与县相当，而行政级别介于府、县之间。当时设在湘西的有乾州（今吉首）、凤凰、永绥（今花垣）三个直隶厅，都是嘉庆二年（1797）升格的。之前是辰州府下的三个厅。凤凰厅于乾隆五十五年（1790）由凤凰营改建而来。

凤凰营始置于明隆庆三年（1569），原址在今县城西南六十里的凤凰山，因山而得名。县城旧名"镇筸"。关于其得名所自，道光《凤凰厅志》卷1《沿革二》有云：

> 厅名镇筸者，以昔日乾州之四里、永绥之六里，其苗人归镇溪千户所管辖，责永顺土司承担，为镇苗。凤凰沿边，东北自湾溪，西南至鸡公寨止，四十八寨苗獠，归筸子坪长官司管辖，责保靖土司承担，为筸苗；设参将一员，驻麻阳，兼管镇溪、筸子坪二处苗人，曰镇筸参将。此镇筸所由称也。嗣因参将职卑权轻，又麻阳距苗地较远，改设镇筸副将，移驻五寨司城，而五寨司遂以镇筸称名矣。

这段话中，"镇筸"是由"镇溪""筸子坪"两个地名的合称，可信。但作者有多处没讲明白，约而言之有三点：其一，"厅名镇筸"，指的是"厅城"又名"镇筸"，若"凤凰厅"则从未被称为"镇筸厅"；其二，"镇筸"作为地名系因官员的管辖范围而来，所指本来不限于今凤凰。

"镇溪"驻地即今吉首市城区。宋熙宁三年(1070)于此置镇溪砦，隶泸溪县。明洪武三十年(1397)置镇溪军民千户所，"时辰州卢溪县主簿孙应隆招谕蛮民复业者多，遂置千户所以镇之，以应隆为镇抚"(《明太祖实录》卷250)。康熙四十三年(1704)改土归流，裁千户所，设乾州厅；留下地名"所里"，于1953年更名"吉首"。

"筸"在字书中无释义。《汉语大字典》仅标明其读音，然后列"镇筸"条，释曰："古镇名。即今湖南省凤凰县沱江镇。因其地有筸子坪溪而得名。"等于没解释。按"筸"字从竹，现通行作"竿"。据《湖南省凤凰县地名录》(凤凰县人民政府1983年编印)，竿子坪"原名叫竹子寨，因山里竿竹丛生，村里人常在这里的集市坪里卖竿竹，故名竿子坪"。其说似较合理。

其三，将"镇""筸"二地牵合在一起，其初并非始于"镇筸参将"，而是更低级别的"镇筸守备"，初设于正德八年(1513)，隶麻阳参将。嘉靖三十三年(1554)移麻阳参将驻"镇筸"，才称"镇筸参将"。因而，原五寨司城被称作"镇筸"，当始于明正德八年(1513)。

入清后，镇筸地位不断看涨。顺治三年(1646)驻军

将官由明代的"参将"升为"副将"；康熙三十七年(1698)
移"沅州镇"(驻芷江)为"镇筸镇"，从此为总兵驻地。康
熙四十三年(1704)改土归流，于凤凰营置流官(通判)，
移"辰沅靖道"驻镇筸(原驻芷江)。从此该城又为道台驻
地。终清之世，镇筸为湘西最重要的军、政中心。

图十八　镇筸及凤凰相关诸位置示意图

　　明了这一背景非常必要。沅水流域古来为"溪蛮"之
地，秦汉以降开发极为缓慢；唐宋在此续有措置，但主
要侧重凤凰北面的永顺、保靖，以及其南面的芷江、麻
阳，这一形势至元明不改。元代在今凤凰设五寨长官
司；明因之，又增设筸子坪长官司，均属保靖土司。明
中叶后该地渐形冲要，入清后竟渐次成为湘西管钥之
地。这一形势一直延续到民国。直到今湘西自治州以吉
首为治所，凤凰才降格为普通一县。

"凤凰营通判"自设置(1704)后，由于与道台交流不便，不数年(1709)自凤凰营移署镇筸城。自此，镇筸城又享有"凤凰"之号。乾隆五十五年(1790)升"凤凰营通判"为"凤凰厅同知"，侯后"镇筸镇总兵"仍驻扎于此，因而厅治一直亦称"镇筸"。直到民国后，由于"镇筸镇总兵"不存，该地才得以专称"凤凰"。——不少人以为"镇筸"与"凤凰"这两个地名为先后继承关系，其实在清康熙以后两百年中，它们一直是并存关系。因为来自军、政两个不同的命名系统。

咸同军兴，凤凰有不少人起而弄潮。个中翘楚田兴恕(1836—1877)，初随乾州人邓绍良出征长沙，一战成名，年方十六；咸丰六年(1856)自将五百人，号"虎威营"，亦称"筸军"。因其为镇筸人，且营中同乡甚多；而"镇筸"原系"镇""筸"二地合称而来，"镇"既别建乾州厅，自然要大张"筸"字旗号。

由此涌现一大批军功人物，其中有 5 人位至提督。咸丰十年(1860)，田兴恕授贵州提督、钦差大臣；次年兼署贵州巡抚，年方二十四。同治二年(1863)，沈宏富(1837—1868)署贵州提督，此人即沈从文嗣祖。其他追随者自然都升赏有差。

值得一提的是，沈从文曾追述这段历史，说："江南大营包围太平军的天京时，筸军中有一群卖柴卖草亡命之徒，曾参预过冲锋陷阵爬城之役，内中有四五人后来都因军功作了'提督军门'，且先后转成'云贵总督'"(《一个传奇的本事》)。这段话无一句有来历。其中最重要的是，筸军根本就没参与天京之战。它成军后，先是在江西与石达开部作战，咸丰八年（1858）转战贵州，之后一直在西南战场。而且，前后无一人升至云贵总督。

筸军史诗般的成就大大激励了当地后生的人生理想。沈从文说："在湘西十八县中，日本士官生、保定军官团、云南讲武堂，及较后的黄埔军官学校，前后都有大批学生"，而凤凰"同其它县分比，占人数最多"；以致"到抗战前夕为止，县城不到六千户人家，人口还不及二万，和附近四乡却保有了约二千中下级军官"。这一数量估计容有夸张，但当地"一切年轻人的出路，都不免寄托在军官上"，殆近于事实（《一个传奇的本事》）。

熊希龄的父祖三代均为中下级军官。基于他的天资，家庭为他选择了一条与众不同的培养道路。而生长在那样一个环境，他性格中天然地具有那个环境赋予他的一些特质：积极、坚韧。唯其积极，他初出茅庐便站在时代浪尖上，参与湖南新政，开设时务学堂、创办《湘报》；唯其坚韧，他在仕途上起起落落，始终奋发有为；即使在历尽宦海劫波后也不甘消沉，转而从事社会慈善事业。这种性格，可以说既是熊氏一生事功的原动力，也是那个时代多数凤凰人共有的心理特征。

三

与熊希龄不同，沈从文、黄永玉两位属于自学成才。他俩都没受多少正规教育。沈从文高小没念完；黄永玉"文化"稍高，也只读到初二。他们都是在少年时怀揣梦想，奔赴他乡，在读社会这本"大书"的过程中完成自我教育的。

本来，教育的实质就是自我实现，无论是读"小书"还是"大书"。坐在教室里，纵有名师指点，如果自身不主动，到最后无非是浅尝辄止，甚至得其门而不能入。反之，如果将学习当成一种内在的需求，那么翠竹黄花无非妙道。当年弘忍法师临终付嘱，东山五百人都寄望于高座神秀，到后来弘忍的选择竟是在厨下踏碓 8 个月、从未至堂上的带发修行人卢行者。可见学习、求道这等事，与天资有关，与缘分有关，与形式、身份之类无关。

湖南人考虑问题比较透彻，因而湘籍学者中特多自学成才型人物。沈从文、黄永玉作为文艺家，写作、绘画本来就是一勤学苦练的事，从这一意义而言，他们的自学成才不足为奇。

其卓异之处在于两点：其一，他们都是在很小的年纪就离开故土，孤身一人到异乡去漂泊；在一种近乎流浪的过程中，不仅顽强地活了下来，而且奇迹般地成就了自己。他们为什么敢这样子出去闯？

黄永玉曾感慨："我们那个小小山城不知由于什么原因，常常令孩子们产生奔赴他乡的献身的幻想。"（《太阳下的风景》）沈从文则承认，他和黄永玉都或多或少受了点故乡水土中"浪漫情绪"的影响，"作成一种诗的抒情、有趣的发展"（《一个传奇的本事》）。个人感觉，这种"浪漫情绪"，这种"献身的幻想"都根植于凤凰那深厚的从军传统。从军就是搏命，讲究出生入死，斗智斗勇。打破了生死关，将未来攥在手上，不管从事何种工作，自然"始终充满信心，顽强坚持"，为此"克服来自内外各种不易设想的困难"(《一个传奇的本事》)。赤手空拳到他乡去闯世界，不过是家常便饭而已。

其二，开始读"大书"时，沈对写作、黄对木刻基本上没入门，短短几年工夫，他们不仅成了名，而且达到相当高水准，能够融入主流以致逐渐影响、引领主流。这，绝对是沈、黄传奇人生的最精彩之处。

也许有人认为，这是他们天赋异禀更兼勤奋过人所致。对此我不敢苟同。学艺这事，最紧要的是眼光。徐悲鸿在中央美院一份《教师登记表》的"个人专长"栏中，亲笔填写着："能鉴别中外古今艺术之优劣。"我认为，这才是一个成为大艺术家的先决条件。

曾见过多少人自我奋斗，用功不为不勤，天赋不为不高，但未能取法乎上，终致成就有限。湘人性情倔强，不信邪、不畏难，个别人甚至好与有成就者为仇，若未能树立正确的价值取向，结果往往令人叹惋。其例甚多，不烦枚举。

那么，沈、黄两位为何能在学无常师的环境中，找到正确的奋斗方向？

我认为这里面有远近两方面的因缘。就远的来说，凤凰虽然僻处湘黔边界，万山环绕，但作为湘西清代的军政中心，自咸同以降，它已经向洞庭湖以外的广阔世界敞开了门户。不仅一代一代相继出外打拼，到清末甚至有人放洋留学。因之，新式学堂、照相馆、公司厂矿等新事物纷纷在此出现。这不仅在湘西独占鳌头，即使在湖南也属于得风气之先。因而那里的有志少年，早已具备"独上高楼、望尽天涯路"的气概。

至于近因，我们可以注意到熊与沈、沈与黄之间都存在着亲戚关系，个人认为这中间有一个积极影响在。熊、沈之间关系较远。沈从文少年时，因从军之便曾在芷江的熊公馆出入过半年；后来去北京闯荡，熊希龄对他帮助不多。但熊氏的成就，无疑对沈从文深有刺激。沈从文曾记述1937年年底，他表哥夸他："人家都说你为我们家乡争了个大面子，赤手空拳打天下，成了名作家。也打败了那个只会做官、找钱，对家乡青年毫不关心的熊凤凰"（《一个传奇的本事》）。这话表面上对熊凤凰不以为然，但说话的方式分明透露出，熊凤凰正是沈从文奋斗道路上的一个重要参照系。

沈从文那位表哥就是黄永玉的父亲。在黄永玉成名前，他从没见过这位表叔，两人之间也很少联系；但黄永玉对这位表叔非常景仰，凡沈从文的作品，见一本买一本，引以为自豪。沈、黄之间，既是亲戚，又是同道，更是知己。我们可以看到在关于沈从文的文字中，黄永玉写得最鞭辟入里；而关于黄永玉的文字中，沈从文写得简直就是夫子自道。

显而易见，他们之间的这种先后影响不是技术性的，但是比任何技术性的影响都更加深远。

四

很多人注意到凤凰三杰都具有少数民族血统。黄永玉为土家族，其姑母即沈从文母，沈从文祖母为苗族，熊希龄母吴氏亦为苗族。以前我也认为这一点对于他们的成功影响很大，现在看来，对这一点恐怕不能估计过高。

少数民族血统的影响，一般说来都会落实到性格上。有些人认为，少数民族比汉人更强悍，更吃苦耐劳。我不太敢以为然。在凤凰那样一个数百年来多民族杂处的山地环境，即便是汉族，其性格中的坚韧与吃苦耐劳也到了一个相当高的水平。况且，清代无论是科举还是行伍中论功行赏对少数民族都有一定的限制，因此，我个人认为至少在熊希龄的人生道路上，这一点对他影响不大。

至于沈从文与黄永玉，由于从事的是文艺领域，有一定特殊性。少数民族背景为他们的成功确实创造了得天独厚的条件。他们的作品，无论是情怀还是想象抑或表达，在在都透着湘西那方水土的神秘。而这，是极有助于他们在陈陈相因的艺术圈脱颖而出的。也许换作同样熟悉当地生活的汉族，也能创作出同样风格的作品。但数十年来乡邦后辈尚未出现与他们比肩的成就，只能说，大凡传奇都很难被复制。

之所以难复制，个人化的因素在此可不提，我认为极重要而不能不在此郑重一说的是时代。沈从文剖析他自己"只缘于正面接受了'五四'余波的影响，才能极力挣扎而出，走自己选择的道路"，同时他认为"大多数比我优秀得多的同乡"，只因没有出来，才未能有所成就（《一个传奇的本事》）。所谓"优秀"与否在此可不置论，但他和黄永玉的成功始于他们的"极力挣扎而出"，应是一个不争的事实。

我没去过凤凰，不知那里的少年今天是否还有人怀揣着奔赴他乡献身的梦想。但我敢断定，即使有，也不可能再出现新一代的沈从文、黄永玉。别说他们没有文凭、不懂外语，就凭他们年纪轻轻赤手空拳孤身一人在他乡流浪，有关部门的"临时工"早就把他们遣送回原籍了。

时代咿呀向前，三杰的成功属于民国那个已经逝去的年代。

2013 年 6 月 30 日

黄永年先生二三事

1996 年春节刚过，我所在的单位办一个国际学术研讨会，邀请到黄永年先生，让我去火车站迎接。那之前我和他没见过面，出发前，我特地把他的大名写在一张纸上。

谁知那张纸竟一点都没有用。站台上人潮如涌，他从车厢里缓缓而出，我一眼就断定：这就是黄先生。上前请问，果然。

出站的路上，我越想越觉得奇妙，于是问他：1990年 6 月初的某日中午，他是否在陕西师大校门外的某个小餐馆吃饭？他觉得这一问好生突兀。我向他解释：那一天我和两位师兄在陕西师大硕士论文答辩结束，导师何业恒先生设席感谢以史念海先生为主席的答辩委员会，坐定后看到来了另外一干人，其中一位西装笔挺，走到史先生跟前恭恭敬敬行了一个鞠躬礼，当时我以为是个日本学者，此刻回想，很像黄先生。黄先生没多想，浅浅一笑，说，那正是他。

这一笑让我顿时产生了一见如故的感觉。

研讨会期间，他领着几个人到苏州去买书。我因为要参与会务，也就没跟去。那个晚上去宾馆里看他，老远就见他背着手在房间门口踱步，一会儿踱出来，一会儿又进去，步态煞是轻盈。我第一次见他这样，觉得很好玩，忙走过去；他愈发得意，连说："开心，今天开心！抓着辛德勇帮我刷书！"德勇先生坐在门里边，一面拿一个大棕刷飞快地刷着书，一面嘴里念念有词地回应着黄先生的调侃，动作和语调都特别地飞扬。

这是我目前为止见过的最令我神往的一幅"得书图"。之前我早听说过黄先生如何爱书，如何站在旧书店门口一望，仅凭书根就能判断出书架上线装书的版本，那一晚算是初步有所领教。本来我还听说那次他在苏州那个书店的仓库里挑书时，也颇有·些异乎常人的举动，但没有亲见，不过是二手史料，在此且按下不表。

随后几年，黄先生与此间的交往渐渐地多了起来。又是开会，又是专程来讲学。或者到附近有事，顺便来停一脚。要不就是为一些事情而电话联系。记忆中拿起电话听筒就传来熟悉而亲切的"是张伟然同志？……"也就在那以后的几年逐渐频繁。

有一次，从刊物上读到他回忆50年代前期沪苏市面上宋元书的文章，里面详详细细地缕述每个书店的每一种书，举凡书店来历、位置、经营特色以及书名、版本、品相、册数、价格乃至摆列状况，纤毫毕现，历历如昨。我大感惊奇，颇疑他当年看过之后留有日记。不久他到复旦来，我当面向他求证。他笑笑，说，哪有什么日记，就是因为喜欢，记住了，一直没忘，完全是凭记忆写的。

好像也是那次，我向他说起，我曾在丽江买到一套乾隆版的《古文释例》。话音未落，他就大笑，说，那是某某版，很烂，不值钱的。我回家检核，发现版本确实跟他说的一样。

不知是否因为多次跟他谈起过买书，那以后没多久，他竟托我帮他拍买起古籍来了。是上海博古斋的小拍，共拍过两次。先一年买到一种，第二年买到两种。我虽然对古籍版本一窍不通，但竞标还是会的。他老人家先看过目录，电话里指示编号和价位，我只管研究如何举牌就完了。

黄先生喜欢的书与我辈大不一样。我辈虽然也自命爱书，但大多从实用出发，或者能猎一些奇。黄先生曾戏言，这些书就是扔在地上，他也不弯腰去捡。他是正经的藏书家，讲究版本、目录、校勘，学有本原。我记得有一次他在复旦文科楼九楼开讲，开头讲研究文史须有一些基础，左手指一屈，便数出这三门学问，然后再右手指一屈，数出音韵、文字、训诂。

对于文史学者来说，这些东西懂与不懂，平时好像不大成问题，但一到关键时刻，道行深浅便云泥霄壤。黄先生在史学、古典文献学领域是卓然名家，就是在古典文学方面，也有许多人所难能的贡献，这不能不说是从他平时对书的喜好中涵养出来的。

说来也奇，凡黄先生看上的拍品，一般人都甚少关注。因此我每次去替他竞标，成交都比较顺利，价格远低于他的心理极限。第一年才举了两次牌，第二年更顺，较重要的那部书一举就拿下了。

那天我抱着书刚回到家，他电话就来了："喂，是张伟然同志吗？……"我答应是，他问我书买到没有。我故意逗他，问他想听真话还是假话。他不解何意；我说：书我是都拿回来了，但有个老师想看一下……话还没说完，他声音就大变："张伟然同志呀！我是把你当正人君子啊，你可不能这样啊！"

我听出他是真的着急，赶紧不开玩笑，向他保证：书肯定是他的，那个老师只不过因为这书是被黄先生看上的，想欣赏一下，绝没有别的意思。听我这样讲，他的声音才渐趋于平静。

那个学期结束，他打听到此间有人回西安过年，来电让我把书给付过去。他对书从邮局寄不大放心，担心受损伤。事先他在电话里教我把书包好，说要包两层。书送走后，他又来电，询问交付情况，推测书何时可以到达，等等。

按公历算这已是 2004 年的事。那一年他近 80 岁，但没声张，只是收到他赐寄的《印存》。转年金秋，我和同事去陕西师大开会，回沪前，我们去看他。此时距前一次见他已隔有数年，他各方面变化很大。瘦得厉害，精神也大不如前。说话慢而且轻，略显得有些吃力。

我万没料到出现在眼前的是这样一个黄先生。问他平常下不下楼活动，他说不。他家住二楼，没有电梯，只好就在房间里走走。我再问他休息得如何，他摇头，说，每天差不多睡到三四点钟的样子就醒了，再也睡不着；想找点什么书来翻翻，可是，"我看现在这些书啊、文章啊，水平能达到陈寅恪先生那样的好像也没有……"黄先生叹息着，轻轻摇头，脸上满是失望。

坐了约个把钟头，不忍心让他多耗神，我和同事告辞。他说不久华东师大有个纪念顾廷龙先生的会，邀请了他，他准备来。我计划着，到时候我可以带我的学生去拜见他，顺便请他吃江南特色"腌笃鲜"。黄先生说，他虽然在北方已经生活了几十年，但对从小爱吃的家乡风味，仍然很喜欢。

出来走在路上，我心里不由得有一种隐隐的悲凉。我觉得黄先生对现今学术的态度，表明他对当下的一切正在看淡，精神很可能会离尘世越来越远。这，实在是让人不堪深思的。

但我当时还是抱有信心的。一来他思维仍一如既往地清晰而灵敏，二来他当时的身体状况，我以为有着季节的原因。他有哮喘病，我第一次见他时就知道的。我总希望等天气暖和了，或到南方来了他能好起来。

可是，预定的华东师大那个会的时间到了，他没来。我打电话去问，寿成兄说，老爷子健康不许可。

年关前，黄先生来电了，内容却是问我能否帮他买两个套在猫脖子上的药圈。他说他养的猫身上长了虱子，猫老往他身上蹭，弄得他不胜其扰。如果能买到，希望能快邮过去。我对养宠物素乏专攻，经人指点，得知小区门口正好有一个宠物用品商店，我一问，不仅有药圈，还有直接用的药，而且都很便宜。我再一打听，我一个学生正好要去西安旅行，第三天就出发，于是我买好药和药圈让学生带去，又快捷又方便。

安排停当后我打电话向他禀报，他料不到这一切居然这么巧，很是开心。我对他说："黄先生，这是吉人天相啊！"他马上纠正："不，是吉猫天相。"

随后的日子复归于宁静。我记得开春后还寄给他一篇刚完成的拙作供他消遣。我以为暂时不会有什么事，买到他一本旧书，还想等他来沪再请他签名。然而，万不料，在一个毫无征兆的静谧的雨夜，寿成兄突然给我来电话说："老爷子走了。"

那是 2007 年 1 月 16 日晚。

其时正逢学期末，山长水远的，我没能去为他送别。想为他写些文字，刚起了个头，从网上看到德勇先生写的《送别我的老师》。我想我无论如何都写不到那个境界，于是叹息，罢手。过了一年，我重新起念，可是这一次仍未能成篇。

如今又快到了见黄先生最后一面的那个季节，西望秦天，想必早已秋风四起。在此我终于能写下以上这些碎屑，聊以为对九天之上的黄先生的系念，愿缥缈长空不要隔断这来自人间的微末的温暖。

原载《读书》2008 年第 11 期

陈桥驿先生在记忆中

2 月 11 日是个忙碌的日子。一大早就接到学兄吴松弟教授的电话，他翌日赴美，有几件事要赶在动身前定下来。紧赶慢赶，下午把事情办妥；晚饭后，发现他又来了一短信，告知：陈桥驿先生走了。

这消息让我颇感意外。印象中，以陈先生这样的长者，绝不应该这么快就弃我辈而去的。侯仁之先生前年才走，享年 102 岁；陈先生小侯先生一轮，都属猪，隔一年多一点跟着也走了，实在让人感觉太突然了一点。

同时，这消息也让我感到特别遗憾。2010 年夏，接到范今朝教授通知，说 2011 年秋要在杭州给陈先生办一个 90 大寿的庆典；我很憧憬，准备去，不期然那个冬天申请哈佛燕京学社 2011—2012 年度访问学者成功，于 2011 年 8 月去了美国。远隔重洋，也就缺席了那次盛会。回来后，一直想着专程去杭州拜谒，让门下诸学弟见识一下这位当代史地界的鲁殿灵光；可事情一忙，总想着还有明日。如今，没有明日了。

　　我当即打电话与松弟兄联系，商量为陈先生送别的事宜。晚上我又写邮件给历史地理专业委员会诸位委员，告知这一不幸的消息。当晚我为专业委员会起草了一副挽联：

　　　　主史地坛站十数年，巨功在郦学，校本、
　　文章传后世；
　　　　推天下英才三千士，多面称能手，古都、
　　宁绍着先鞭。

　　这副挽联想概括陈先生在学术上的建树，以及他对后辈的汲引、栽培。仓促之间，不及仔细斟酌词句。发给专业委员会诸位副主任请是正，郭声波教授改了几个字，也来不及另起炉灶。随后两天，我总觉得该挽联未道出陈先生的人格和精神，正好新任所长张晓虹教授跟我商量所里的挽联，于是我又代拟了一副：

　　　　经困厄而志业不隳，是大学者本色，治郦
　　开地理一派；
　　　　设绛帐以桃李广种，诚真名师风范，立雪
　　遍禹贡九州。

　　2月14日，我将这两副挽联用白宣纸写好；15日带到杭州，用在了陈先生的告别仪式上。

仪式 15 日下午 1 时后开始。我和张晓虹教授一早从上海出发，在仪式开始前半小时顺利赶到了杭州殡仪馆一号大厅。侯甬坚教授、胡阿祥教授、安介生教授以及从外地赶回的陈门弟子阙维民教授、钟翀教授都已经先到了。仪式简短而庄重。礼毕后走下厅外的坡道，维民兄开车送阿祥兄和我们三位同事往杭州东站，我们都百感交集。上车前我喟叹了一句："一个时代结束了！"维民兄当即表示同意，说："陈先生绝对代表了一个时代。"

初次见到陈先生，在 1990 年深秋，本所为庆祝谭其骧先生 80 大寿而举办的国际历史地理学术会上。那次大会除侯仁之先生因临时身体欠佳而未能出席，其他人自史念海先生以下，真可谓"群贤毕至，少长咸集"。陈先生携师母参加。报到那天，陈先生在东苑宾馆大堂看到一伙日本朋友，他大步向前，冲着其中一位用浓浓的绍兴话表示欢迎和问候，叽里咕噜说了好一会儿；然后把头朝侧后方一摆，站在他身后的师母上前一步，将他的话译成日语。之后几天，类似情景出现过好几次。但凡陈先生跟日本学者交流，哪怕是学术讨论时的发言、提问，师母都会在旁边相助。看到这场面，真让人艳羡不已。有这样的私人翻译，怪不得陈先生跟日本学界的交流那么频繁。

令人印象更深的是另一幕。在一位西方学者发言过后，陈先生站起来提问。他说着一口绍兴腔调极浓的英语，让人听起来煞是费劲。那位洋朋友显然也听不懂，陈先生说了没两句，就很客气地打断他，说："请您还是说汉语吧。"顿时哄堂大笑。陈先生不为所动，仍站着说那绍兴风味极浓的英语，一边说一边打着手势，硬是坚持着把他想说的话说完。说了好长一通。完了又自己将发言内容用绍兴话重说了一遍。师母有无帮忙将他的绍兴话译成普通话我已不记得。总之他的话都很难懂，无论英语、汉语。搞了好久，经过旁边多人热心相助，那位洋朋友才明白陈先生想说什么。

这件事让我对陈先生肃然起敬。事后我常想，换作他人，在那样一个众目睽睽、时间紧迫的场合，经人一哄笑，肯定就放弃说英语了；然而陈先生那样淡定，那样执着地完成自己的发言。完了又顺应听众之请译成汉语，可谓既不委屈别人，也没有委屈自己。实在是人所难能。

那以后我开始读他一些有深度的《水经注》研究文章。特别是读到他关于"赵、戴相袭案"的判断，以及《水经注疏》版本梳理等文章，让我大为佩服。之前只粗略翻过他的论文集《〈水经注〉研究》（天津古籍出版社1985年版），以及较为通俗的《郦道元与〈水经注〉》（上海人民出版社1987年版），实话说，觉得其中有些内容较为浅显。至此意识到，陈先生恐怕是有一种随缘说法的意识。他能写一些较为浅显的东西给一般读者看，也能写精深的研究论文。有些学者能深而不能浅，这方面我感受较深的是先师谭其骧先生。他恪守不为流俗做学问的宗旨，从不写人所共知的东西，也不写教材；平时他还老感慨有些东西只能深入，没办法浅出，比如高能物理。碰到有悖他学术理想的要求，他不妥协。而陈先生则不同。陈先生似乎比较善于化解物我之间的矛盾。

以《水经注》校本为例。作为郦学家，陈先生毕生都在为做出一个自己的《水经注》校本而努力。早在20世纪80年代，他就帮人完成过《水经注疏》的校勘(江苏古籍出版社1989年版)；也出过自己的《水经注》校本(上海古籍出版社1990年版)。之后他不断地继续努力，到20世纪末，在自己并不满意的情况下，仍应他人之请而出了一本《水经注校释》(杭州大学出版社1999年版)；直到前数年推出《水经注校证》(中华书局2007年版)，这才算他的最后定本。

从这里可以看出陈先生的性格。他可能并不拒绝拿出一些他自己并不觉得完美，只能算中间过程的作品，但他绝不是没有追求，更不是没有眼光。他只是有自己的处世之道。这一点，从他接引后学的态度上可以看得更明显。

中国当代学界有一个特点，那就是"20后"学者特别少。作为史地界"20后"的高光人物，陈先生是继侯先生之后，第二位历史地理专业委员会主任，而且连任了两届。从20世纪80年代到20世纪90年代中叶，找他做评审专家、答辩委员或为著作写序的人特别多。我没做过精确统计，感觉中，他当答辩委员会主席或参加过答辩的次数，不要说同辈学者，就算在前后几辈学者中都很可能是最多的。他替人作的序，简直多到了太多的程度；即使不说有求必应，至少可能是比较少拒绝的。然而，陈先生在心里其实很有轻重。

90年代中期的一个初夏，《中华大典·历史地理典》在复旦开工作会议，陈先生也来了。散会时，他亲切地拉着也来与会的韩茂莉教授的手，千叮咛、万嘱咐地说："茂莉呀！学问要做，日子也要过，不要太刻苦了！要好好照顾好自己，好好照顾好我们德勇！"语意之慈祥，情致之深厚，父母之于子女殆不是过。我从没见过陈先生对其他人这样。正好辛、韩两位也是我个人极为尊重、钦佩的学者，由此可见陈先生既有有教无类的师道情怀，也有其特别欣赏的对象。

我个人与陈先生交往的次数并不算多。特别重要的是1993年6月博士学位论文答辩前，先请他做论文详细摘要的评议专家；后来又请他做全文评阅，并担任答辩委员会主席。因论文全文打印较迟，正式答辩前邮寄已来不及，为此亲自去了一趟杭州，将论文送到他家里。那次去的时间不好，为了不影响他休息，我在他家门外徘徊了两个来小时。那一刻，我脑子里闪过了"程门立雪"的掌故。稍后他来复旦主持答辩，先一天到，完事后离开，都是我接送。当年他为我写的那些评议、评阅意见，现在都不难找到；他在答辩会上的发言，我也保留着当时的记录。由于颇多溢美之词，在此就不多说了。送他去火车站的路上，他对我说了一番让我很感动的话，此刻仍历历如在目前，在此也不便转述，只能把它当作座师对门生的爱护和鞭策。

民国时湘潭白石老人曾刻过一方印，文曰"知己有恩"。以我与陈先生的交往，当然绝不敢谬托知己。不过，他当年对我的教导、激励，确实让我觉得鞭辟入里、如沐春风。每次回想起来都特别感激。也许这就是师恩吧。我只有"中心藏之，何日忘之"，努力成为老师希望我成为的那个样子。

原载《中国历史地理论丛》2015 年第 2 期

图十九　知己有恩

学术的合作与创新

找这个题目让我受了整整两年的折磨，或许更久。说"或许"是因为我找到后才恍悟，原来一直莫名其妙的某根神经疼痛竟然也与此有关。

去年这个时候，我们终于见到了传说中张修桂先生的大著《中国历史地貌与古地图研究》(社会科学文献出版社 2006 年版)，煌煌一巨册，同事们都感慨不已。为此我们几个年辈相仿的，不期而遇地在当时的资料室讨论过几次。与谭其骧先生一样，张先生也是到了 70 岁才推出他的第一部个人著作(谭先生当时出版《长水集》，人民出版社 1987 年版)，可是仅此一部，足以让我们后辈的多少所谓著作都相形见绌。——不，简直无地自容。有人说，那是张先生他们老辈解读文献的能力强。说此话的兄弟出身非历史亦非地理，我可以理解，但是我不能全部同意。因为平心而论，单讲解读文献，数十年来前辈当中此项能力强的不在少数。也有人说，张先生是跟谭先生跟出来的。此论可谓深契我心。张先生自 1959 年从华东师大地理系毕业分配到复旦以后，一直跟着谭先生编历史地图、做各种项目，就连他自己也在这本大著的自序中深情告白："回顾我的研究历程，我非常感激谭其骧先生。"但是，跟谭先生何以就能跟出那样大的学问，现如今典型犹在，而我辈眼见得行行渐远，这却是我感到非常困惑的。

那之前大概一年多，我比较集中地思考着一个令我十分好奇的现象：谭其骧先生作为一个历史地理学家，他受的完全是文科的训练，工作后也一直处在历史学环境，可是他的地理感出奇地好。他的论著中有纯历史自然地理的分析考证，也有按地理学方式展开的历史人文地理研究。这两点都是常人所难的。无论写文章还是平常论学，他思考问题能够很自如地运用地理学的思维，那种近乎本能的敏感为绝大多数非地理出身的历史地理学同行所不及；他在工作中对于地理学原理和方法的采择也十分当行，找不出破绽，至少笔者目前还未能发现。

过去我一度以为，这大概与谭先生来复旦前的一段经历有关。他在1940—1951年的11年间曾任职于浙大史地系，那时他从29岁到40岁，正是学术上逐渐走向成熟的年龄段。在那里他可以很便利地受到地理学的熏陶。可是后来我反复考量，自己就推翻了这一构想。因为从论著中看，他那段时间的学术兴趣与之前之后实在无大区别。按照他在《长水集》自序中所讲，其一，他那时上课的任务很繁重，大部分时间要花在备课教课上，述作很少；其二，在他为数不多的那一时期的论著中，他自认为"历史地理方面较有分量的是《论丁文江所谓徐霞客地理上之重要发现》《秦郡新考》和《秦郡界址考》三篇"(《长水集》,自序第7页),这些仍基本上属于传统的沿革地理的路数。事实上,他后来却顾自己的研究历程,特别看重的是1962年发表的《何以黄河在东汉以后会出现一个长期安流的局面》,他说:"我自以为这才是一篇够得上称为历史地理学的研究论文",因为其中抓住了黄河中游土地利用方式与植被好坏"这一关键因素"(《长水集》,自序第10页)。即,把问题定位在人类活动对于自然环境变迁的影响。这确实是不折不扣的地理学思路。此时距他离开浙大又已经过去了11年。

况且,就对地理学诉求的深度来说,这篇论黄河安流的文章还远不及他后来在20世纪70年代以后写作的探讨长江流域地貌和水系变迁的几篇,如《上海市大陆部分的海陆变迁和开发过程》(1973)、《云梦与云梦泽》(1980)、《鄱阳湖演变的历史过程》(1982)。前面那篇只需掌握一些基本的地理学理念,而后面这几篇则要具体运用到一些很专门的地质学、地貌学、水文学等自然地理学的知识和原理。这,绝不是多年前在史地系教了一段时间历史课就能够胜任得了的。

毫无疑问,谭先生是一个在学术上不断发展自己,从而逐渐完善自己的人。问题是:在谭先生发展他的地理学智慧的过程中,是谁在起着经常性的作用?

我们可以注意到,谭先生在长期主持编绘《中国历史地图集》,而后创建复旦史地所的过程中,先后调进了多名学地理出身的工作人员。谭先生平生文不苟作，极少与他人联名合署，但上述鄱阳湖一文在发表时是由谭先生和张先生合署的。该文没有收进《长水集》，谭先生在自序中特地做了说明："还有一些研究课题，文章虽写成于近年，材料、观点却也是在编图过程中搜集、形成的。如对云梦泽、洞庭湖和鄱阳湖在历史时期的演变过程，我们所编绘的图，都是按我当时的研究成果画的，与传统说法迥不相同，但当时来不及把取得这些研究成果的考订、探索过程写成文字。编图工作结束后，我自己还是由于太忙，只写成了一篇《云梦与云梦泽》；关于洞庭湖和鄱阳湖的演变，都交由张修桂同志在编图时所取得的材料、看法的基础之上，再加以补充修订，写成论文，……我只提供史料和看法，未尝动笔，所以都没有收入本集。"（《长水集》，自序第 11～12 页）

如果没有切身体会，看到谭先生这样的文字，自不免得出张先生从中单方面受益的印象。可事实上未必然。这些文章涉及的并不是一般的历史研究，而且不是一般的历史地理研究，它有很强的特殊性。我冒昧谈一点粗浅感受：做长江流域水系变迁这样长时段的历史自然地理研究，搜集材料这一步并不是太难；思维支点有限，对资料做适当归纳，形成合理观点（不一定要刻意与前人不同），这一步确实很不容易；而后在此基础上将材料串起来，做深度分析、考辨，写成文章，其实难度仍然不小。因为这才是思维的最终定型，之前的观点可以只关注一个个时间断面，而此时必须对整个发展演变的全过程做出解释。它不仅需要过硬的史学功底，更需要足够的相关学科的专业知识，以及基于这些知识的研究能力。其间的艰苦往往是研究者本人难以预料的。

每每想到这些，我总是越想便越对谭先生钦敬不已。他老人家实在厉害，不仅自己做学问出神入化，他在组织项目、分解任务时，也非常高明。譬如，他让邹逸麟先生做黄河和运河的变迁，张修桂先生做长江流域水系的变迁，这实在是一个很知人善任的选择。黄河、运河史料浩如烟海，从中爬梳、整理对文献学功夫要求很高，出身历史系的邹先生对此自然是得心应手；长江流域则史料相对有限，而自然环境方面的变迁极为复杂，正适合张先生施展其所长。假如易地以处，恐怕两位先生都未必能取得我们现在所看到的这么辉煌的成就。

当然这中间有个过程，张先生并不是一开始就被谭先生委以重任的。他在业务上得到谭先生的特别赏识时，其实已到了1974年。那一年谭先生得到一套刚从马王堆汉墓中出土的地图照片，有关部门请他进行研究。地图出土时已断裂为32块，因而第一步工作是将其拼合复原。当时张先生正处在最困难时期，师母长年住在医院，张先生在正常上班之外，既要管家里的两个孩子，又要到医院里照顾病人。谭先生体谅他，起先并没有找他，可是没办法，先后找了两个学地理和学考古的同事，死活做不出来。不得已，只好让张先生把地图照片带到医院里，一边陪床一边琢磨。护士走进来，看到张先生手中斑驳陆离的照片，大惊："你怎么搞起皮肤科来了？"就这样，最终搞出了一个让谭先生感到满意的结果。

根据这一结果，谭先生当即写了两篇文章：《二千一百多年前的一幅地图》《马王堆汉墓出土地图所说明的几个历史地理问题》。从葛剑雄先生的《悠悠长水：谭其骧后传》中可以看到，在文章写作过程中，谭张两位先生曾有过讨论，而且谭先生本来打算与张先生联合署名，遭到当时行政领导的干预，才只署了谭先生一个人的名(华东师范大学出版社 2000 年版，第 202 ~ 204 页)。后来这两篇文章在收进《长水集》下册时，谭先生又请张先生代为校阅一过，谭先生为此特地写了一个附识："根据修桂同志意见，除在文字上稍作改动外，并对原来三处考释作了修正。"(人民出版社 1987 年版，第 262 页)

这次合作对张先生产生的影响是巨大的。此后他一直保持着对古地图研究的浓厚兴趣，经常发表一些专题论文。在这本《中国历史地貌与古地图研究》的专著中，其第四篇便是古地图研究，包括三章：马王堆汉墓出土古地图、放马滩战国秦墓出土古地图、古地图应用及其他。与一般研究者所不同的是，张先生绝不仅仅满足于从科学史的角度讨论古地图的技术水平，他更注重充分挖掘古地图中的地理信息，深入辨析所涉及的历史地理问题，并根据图面特征，进而阐发作者的测绘思想及其所处的社会环境。就是说，他很着意把古地图看作一种独特的历史地理资料，探讨其内容而不仅仅是形式，这当然是非专门家无所措手足的。

另一方面更重要的影响是，从那以后，谭先生对他非常倚重，他和谭先生之间的业务交流越来越深入。

在那之前苗头其实已经有了。1972年秋，为筹建金山石化总厂，当时的上海市领导请谭先生去实地考察，谭先生便带上了张先生。在海边转一圈回来之后，谭先生没发话，张先生凭着他在大学里养成的出野外必出报告的良好工作习惯，主动写成了《金山卫及其附近一带海岸线的变迁》。也就是这本专著中第六章的前身。那时候张师母已经住院，张先生每天陪完回家都很晚，于是挑灯夜战，从深夜到凌晨。断断续续写了两个多月。文章交给谭先生，谭先生又补充史料，提出一些修改意见。后来该文揭载于《历史地理》第3辑(1983)，再后来获得1979—1984年上海市哲学社会科学优秀论文奖(当时未分等级，相当于后来的一等奖)。

正是通过这样的合作，张先生逐渐显露出过人的从自然地理角度分析问题的能力，赢得了谭先生的高度信任。也是在1974年，谭先生带着同人去东太湖考察，本来张先生并没有去，但后来在写考察报告时，谭先生仍找张先生进行讨论。该报告1980年以集体名义发表，后收入《长水集》下册，文末保留了很有时代特点的对执笔人的交代："谭其骧(调查收获)张修桂(两点看法)。"(人民出版社1987年版，第140页)

1975年，谭先生主持的《中国自然地理·历史自然地理》编写项目开工，他本希望张先生承担长江一节。

但当时张先生还困难着，谭先生没办法，对他说：你得给我推荐一个人。张先生果然给他物色了一个同事。写了一年多，稿子出来了，可谭先生就是无法满意。正好此时张师母已经往生，于是谭先生决定还是让张先生做，推倒重来。由此才有了谭张两位先生在历史地貌研究方面各用其长、珠联璧合的一段学术佳话。

现在从《悠悠长水：谭其骧后传》中，我们可以看到谭张两位先生在这一阶段合作的鳞爪："为了正确显示历史时期长江流域的地貌和水系的变迁，谭其骧曾与张修桂等一起搜集、整理、研究了大量文献、考古和水文调查资料，对古代的云梦、洞庭湖、鄱阳湖的演变过程得出了与传统说法迥然不同的结论。"(华东师范大学出版社 2000 年版，第 200 页)为此他们还在 1977 年 4 月中，到湖北洪湖，湖南岳阳、长沙，江西南昌、九江、湖口等地实地考察过(华东师范大学出版社 2000 年版，第 197 页)。而这些研究成果，正构成了《中国历史地图集》自然地理要素的编绘依据。张先生本人对此有一篇回忆文章，载《历史地理》第 21 辑(上海人民出版社 2006 年版，第 351～353 页)，有心人可以参考。

我常想，像谭张两位先生这样各自身怀利器的人，聚在一个单位不能说太少见。但是，要形成良好的工作关系，其实很难。而更难的是在长期的合作中相互学习、共同提高。偏偏学术上的事情，只有双方取长补短，才能谈得上真正意义的合作，才有可能取得超越个人能力范围的成绩。谭张两位先生，年龄上隔着一辈，学术背景一文一理,他们之间显然正形成一种合之双美、离之两伤的可遇不可求的合作关系。他们互相切磋,互相成就,给我们留下的不仅是学术上一笔丰厚的财富,更有让后辈仰之弥高的学人品格。

为了验证这一感觉,我经常请张先生回忆他当年跟谭先生一起工作时的往事。张先生是厚道的,他总是只强调他跟着谭先生非常受益,无论是讨论问题还是请谭先生看文章,常常会得到历史学方面的补充。就在这本大著的自序中,他还交代了他在各项工作中所受到的谭先生的启发,动情地说:"我深深体会到,我们这一代人能经常得到谭先生的谆谆教诲,实在幸福。"享受之情溢于言表。我想,这种幸福其实是双向的。对于谭先生来说,他既然能虚心下问,自然能从双方的讨论中受益,如果要说幸福,他只会享受到更多一重,因为他同时还在作育英才。据我所知,他是对这两种幸福都能够体会到的人。

20世纪90年代中叶,我听到老师间的一句议论:谭先生曾称赞张先生文章"一流"。这句话于我虽然只是间接史料,但对其真实性我深信不疑。我甚至还可以想象得出,谭先生在说这种话时,脸上会带着怎样开心的神情。

中国历史地理学从20世纪30年代开始发端,到50年代以后,整个学科才获得比较大的发展。这中间,历史自然地理作为一个新兴的研究领域,对研究者的学科背景和个人素质提出了崭新的挑战。传统的沿革地理虽然也有一些水道研究，但基本上是从文献到文献，不做地理学分析，学术价值很有限。谭张两位先生在 70 年代对于长江流域水系变迁的研究，合历史和地理两学科之力，从现代地理学原理出发对文献史料进行深度解读，可以说是将传统水道研究提升为现代科学意义上历史地貌学研究的成功范例。

时间又过去了 30 年。沿着当初与谭先生合作时开创的道路，张先生又已经走出了很远。在这本《中国历史地貌与古地图研究》中，张先生已经可以给出一个具有科学意义的"引论"，对历史地貌这一历史自然地理学主干分支的科学属性发表具有指导意义的见解，并提出一整套研究方法。而作为其基础的，是包括"长江中下游河湖地貌演变""上海地区地貌演变""黄淮海平原河湖地貌演变""古地图研究"4 篇共 12 章的实证研究。这些内容是在作者 35 篇专题论文的基础上重新组织而成的，其中第二篇包括一项国家自然科学基金课题的研究成果。文章初发表时大多得过奖，除上述《金山卫及其附近一带海岸线的变迁》一篇之外，还有 5 个省部级以上的奖，都是一等或特等。我儿子在扉页上看到这些介绍时觉得很奇怪，问我："张爷爷为什么只得一等奖呀?"我跟小家伙说不清楚，只好对他说："那是因为二等及以下的奖你张爷爷不要。"

对学术的诚敬

——邹逸麟先生与中国历史地理学

在邹逸麟先生近出的论文集《椿庐史地论稿》(天津古籍出版社 2005 年版)的封面，细细地印着一段耐人寻味的文字：

> 学术大厦本来是一代人一代人累积起来的。我们这代人研究的内容、水平和一些观点、想法，不论其价值如何，客观上反映了这一时代的学术背景。因而留给后人作为学术史来读还是有一定意义的。

这段文字出自该文集的自序，本来是用以说明该文集的编辑缘起，现在将它摘引出来放在如此显要的一个位置，笔者玩味之余颇受震撼。

无疑，它言说着的是一代学人欲说还休的辛酸和无奈。

《椿庐史地论稿》(以下简称《论稿》)是邹先生在年届70之际编定的平生第一部论文集。众所周知,很多他学生辈的学者早在几年前已纷纷推出了个人的论文集,有些人还出版了好几种之多;然而,作为一个长期带领后辈冲锋在学术第一线的学者以及学术领导者,却从未得到过那种出版个人论文集的机会,——他尚且如此,他的同辈人更可想而知。以致在这本《论稿》出版之前,他的前辈早已有集,他的后辈也已陆续有集,唯独他们这代人却很少结集。

这里面有一个普遍性的偏见:很多人以为这代人的学问无足观。理由是,这代人自50年代迈出校门,便不断遭遇各种政治运动,到"文化大革命"时更是索性中止了业务学习。先天既有所不足(念完本科就到了头),后天又发育不良(进一步的深造机会干脆就缺乏),在这样的环境中蹚过来的一代学者,其总体成就自然难以令人抱过高期望。

确实,这代人被耽搁的时间太多了。以邹逸麟先生个人而言,从1963年到1974年整整12年的时间里,也就是他28岁到39岁的人生黄金时段,没有发表过一篇文章。邹先生在这部《论稿》的自序中沉痛地写道:"在这十二年里我没有写出过一篇东西,大家随便翻翻国内其他一些学者的著作目录,就可知这是我国大多数学者普遍的现象。"

但应该指出,这并不是那一代学人特有的境遇。凡经历过那一时代的,无论老辈(新中国成立前已成为学者的），还是稍晚一辈(恢复高考后经过研究生教育而成为学者的)，都相应地被割去了生命中那段不短的本应该用来做学问的时间。

应该说，邹逸麟先生还算相对比较幸运的，尽管他和他的同时代人曾共同经历一个不幸的时代。他1956年毕业于山东大学历史系。当时的山大历史系名师荟萃，他有幸问学于杨向奎、童书业、张维华、郑鹤声、黄云眉、王仲荦等诸位名师。毕业后他被分配到中国社科院历史研究所，1957年初便和王文楚先生一道，随谭其骧先生回到上海，参加《中国历史地图集》的编绘工作。

以一个本科生的起点参与编绘历史地图，起初自然难以担当重任，好在一切有谭其骧先生悉心指点。而且，谭先生的指点让邹先生一直享受了30余年。这是何等令人艳羡的福分啊！——固然，在那个年代，能够将这种指点转化为受益，自有受益人本身的卓异之处。谭先生从指点最基本的入门典籍着手，先是指导邹先生编绘最基本的某朝代政区表，后又指导他撰写专题研究论文，一步步地硬是将一个生手培养成了一个历史地理研究的专门家。

因而，当1978年举国上下都在拨乱反正，都在为落实知识分子政策而忙碌的时候，邹先生已经在发表《论定陶的兴衰与古代中原水运交通的变迁》等重要论文了；进入80年代，当同辈人有些还在苦读研究生之际，邹先生已经凭借《黄河下游河道变迁及其影响概述》等大制作成了中国历史地理研究的一线中坚力量。

自参加《中国历史地图集》的工作不久，谭先生让邹先生爬梳唐以后东部平原地区的河道变迁，以黄河和运河为中心。因而在这部《论稿》中，我们可以看到这一方面的专题论文达 15 篇之多。其中半数以上是窄而深式的内容丰富、考证精详的鸿篇巨制。尤其上面提到的那篇《黄河下游河道变迁及其影响概述》，它在《中国自然地理·历史自然地理》一书中有 5 万多字，自发表后，一直被当作论述黄河历史变迁的经典依据。

本文开头曾提及邹先生工作的学术史意义，其实，历史从来都是活生生的。自创建伊始，历史自然地理的知识架构便存在着明显的两大重点，其一是历史气候中的冷暖变迁，其二是历史地貌中的水道变迁。而黄河变迁、运河变迁无疑都是水道变迁中的重头。尤其前者，堪称重中之重。就这一意义而言，邹先生在《论稿》最末一篇文章《我与中国历史地理学》中的那句话真真算得上掷地有声：

希望后人超过我们，而不能绕过我们。

可以预见，未来相当长一段时间内，要超过邹先生这些工作都将是非常困难的。识趣的最好还不如索性"绕过"——另寻一块适合自己才性的地方写写文章，倒也快乐。

80 年代中叶以后，邹先生将研究范围逐渐拓展到历史时期的产业、经济、都市以及与此相关的区域、环境、人地关系等地理问题，因而《论稿》中接下来的几组论文都是这些方面的专题研究,凡 16 篇。笔者对经济地理一干问题素乏专攻,在此自以藏拙为妙,不过就兴趣相投的《江淮平原的人文》《论长江三角洲地区人地关系的历史过程及今后发展》诸篇来说,每次拜读都能得到一些新的感悟。这些文章虎虎有生气,文本宏大,结构清朗,读的过程令人浮想联翩,确实非老辈不能为。

并且,笔者深有感触的是,邹先生分析问题,从来不简单地就事论事,总是着眼于当时整个的历史地理背景——历史的、地理的,然后从中提出个人的发现,进而分析原因、探讨影响。他的文章特别有历史地理味。所谓历史地理味,不是那种将历史文章涂抹一些地域色彩或在地理文章中掺杂某些历史名词,而是一种很醇正的能同时运用历史学和地理学两维思维的既历史又地理的味道。——惭愧,这种味道竟然让人有一种久违了的感觉。近十几年历史地理学界推出的林林总总的各色新作,无可讳言地已离这种感觉渐行渐远,内中以复旦同仁为尤。这是值得引起足够关注的。笔者当然不敢鼓吹故步自封,只是,在学科发展与舍己耘人之间,我们有理由找到一个大体的平衡点。

相比之下,味道之类或许还可以归结为学术转型的问题,更令人不能不深思的一个问题是:到底该怎样对待学术?笔者时常为此感到惘然。翻阅所谓时贤的著作,每一页都歪歪斜斜地写着"名""利"二字:胡说者有之,卖弄者有之,抑人扬己者有之,拉帮结伙者有之,直令人有"学术者,打狗杖耳"之感。邹先生在《论稿》中，身体力行地为我们给出了他无言的诠释。

《论稿》中共有 3 篇述学的文字，除自序和上文提及的那篇《我与中国历史地理学》外，还有一篇《追念恩师谭季龙教授》。在这些文章中邹先生回顾了自己的治学历程，也总结了一些为学的体会。笔者对此最强烈的感受是，饱含着深沉的对学术的诚敬。他叙述个人经历，从不吹嘘自己天才英纵，或者本来鲁钝异常而后济以非人的勤奋，他只是质朴地讲述他走过的路程，以及当中他的感受：有辛酸，有幸福，有收获，有遗憾。他反复告诫年轻人："应珍惜现在的大好时光。"他的语调是恳切的，恳切得一如他在每次开学或毕业典礼上的致辞。而每次提及自己的成绩，他都是谦抑地打着折说话。这种气度，很惭愧，我们也得坦承：久违了。——到底是跟谭先生跟了 30 多年的啊。

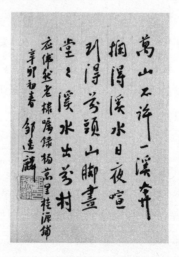

图二十　邹逸麟先生为笔者题的字

其实还不光述学的文字，邹先生在他的研究论文中，同样怀着深深的诚心敬意。他的文字朴素、平实，既不玩技巧，也不抖机灵，总是着意于将复杂问题简单化、条理化，降低读者理解的难度。古代文章学理论中有一条原则"立言以诚"，很多人以为那只是泛泛的对文学语体文章的要求，其实对科学语体的文章来说，又何尝不当如是。

原载《历史学家茶座》第 2 辑
山东人民出版社 2005 年版

学问与情怀

——葛剑雄先生侧记

一

　　初闻葛剑雄先生大名，在大三那个秋天。《光明日报》以极为醒目的位置隆重推出我国首批博士的照片及简介，葛先生赫然在列。那之前我早已下定决心要报考历史地理专业的研究生，见此报道大受鼓舞。不久我写信向谭其骧先生求教，很快收到葛先生的代复。信中语言简洁，笔迹潇洒而又有法度，令人遥想不知是怎样一位博雅君子。

　　1988年深秋，我随硕士导师何业恒先生到武汉、南京查资料，回程经过上海，特地拜访复旦大学中国历史地理研究所。在文科楼八楼史地所办公室，进门就看到一位身量中等的年轻老师，热情地向我们一行打招呼："我是葛剑雄！"当时他正处理谭先生的信件。他请我们坐下，又从隔壁请来风度翩翩的所长邹逸麟先生。宾主座谈了约个把小时。临别前何先生请葛先生在来年春夏到长沙给我们讲授"中国历史人口地理"课，葛先生一口就答应了。

于是在1989年那个喧嚣的5月，我便有机会在岳麓山下听他系统地讲课。我记得他到达是在5月16日晚，19号开讲，每天讲6小时。讲完后他又去湘西考察了几天。6月8日早上刚送走他乘坐的列车，长沙火车站的其他车辆就都因学生的阻拦而动不了了。回校路上我跟师兄大感庆幸，说葛先生这次长沙之行真是功德圆满。

我迄今仍保存着那次听葛先生讲课的笔记。每次披阅，还能唤醒当年听讲时的鲜活感受，用一个词来形容：惊为天人。

二

那次听讲前，我已经购读过葛先生的博士论文《西汉人口地理》(人民出版社1986年版)，对他的治学风格多少有了一些了解。知道他的课一定会很精彩，但还是没料到居然能精彩到如此程度。

葛先生在开讲前泡好一杯茶——后来我注意到，这是他的重要习惯。他每次开讲前都要准备一杯茶；换句话说，请他开讲，只需准备一杯茶就够了。别的，诸如讲稿之类，通通可以不要。他端着一杯茶，往讲台上一坐，听众洗耳恭听就行。不管讲多久，只要事先跟他商量好讲演的题目和时间，他一定准备得十分恰当。逻辑、材料、学理、智慧，交相辉映。听他的讲演，那叫一个享受。当然，跟他一道吃饭也同样如此，绝对满座生风。更绝的是，他天生一副讲演的嗓子，极坚韧无比，不管讲几天几夜，从无倦色。曾多次见他操持大型学术会议，从事先的布置到中间的协调，大小事务他一人综理，同时还要做大会报告或会场主持；几天下来，协助他的人一个个嗓音沙哑甚至失声，他自己却仿佛没事人一样，声音依旧熠熠生辉。真是令人艳羡不已。

史地界素有善于讲演的好传统。不久前仙逝的侯仁之先生年轻时是一位业内有名的演说家，谭其骧先生的讲演据说也极为精彩，可惜我福薄，均无缘得见；而葛先生口才之妙，我从那次开始便不断有所领教。

那次葛先生端着一杯茶，给我们从历史人口地理的研究意义和基本方法讲起，次第讲到中国历史人口的调查统计、历史人口的数量变化、历史人口的构成与再生产，以及人口分布、人口迁移。这些内容，不仅开阔了我的学术眼界，更重要的是锤炼了我的思维水平。

葛先生的论著和讲演，给人一个突出印象是异常流畅、信息丰富、思维缜密。曾有位台湾好友，初见葛先生后便对我赞叹不已，说他"滔滔不绝、辩才无碍"。对此我当然深有感受。我早就注意到但凡葛先生精心撰写的文章，都浑然天成，不事雕饰，却自有一种感动人心的力量。这方面我印象最深的是他回忆谭其骧先生的一些散文，每次读这种文章我都要准备一叠面巾纸。这种本事显然不是每个名家都能有的。

不过，我真心认为，对于葛先生来说，这都不过是些表象。葛先生真正的撒手锏是他的思维特别有穿透力。他总能发现一些独特的视角，将别人说不清、道不明的问题给说清楚，或是将别人一眼滑过去的要害给拎出来。因此，面对复杂问题，他总是比一般人有办法。

可以随便举两个例子。有位"土法炼钢"的学者，自称其藏书量全国第一。这一言论曾屡见于一些无节操却有体面的报章，颇令人疑心实有其事。很多人都心知这是吹牛，可要将其证伪却颇为费事。对此，葛先生只轻轻一问："全国藏书量第二的是谁?"这一针就将"全国第一"的大泡泡戳了个稀烂。

再如，晋代白学成才的皇甫谧曾著《帝王世纪》，详细开列夏禹、周公时的民口数，精确到个位。以往研究人口史的学者，或以为是真实的史料而加以利用，或以为虽不可信，总聊胜于无;即便对此未加采信的，也只是以其时尚无户口统计制度而予以否定。葛先生在面对这一问题时，从史源、史实和社会情势等各方面条分缕析，其气势如排山倒海，手法如剥茧抽丝。看过他的分析，恐怕没有人能不信服，皇甫谧这位所谓学者确实是在"认真作假"。

葛先生对于事理人情有极深刻的洞察，一般人追求的学问中有人的境界对于他来说不仅能够轻易地做到，而且他往往还能更深一层，看到人的心理。因此，在分析问题时，表象的、深层的种种证据他都能发掘出来。

他特别擅长于检讨历史上一些制度及其运作状况，其沉着痛快，简直有老吏断狱之妙。这方面例证甚多，不烦枚举。列位看官可自己去翻检葛先生的论著，看在下是否盲目崇拜。

本着这样的理智，葛先生常常能揭示一些我们从善良（其实往往也就是卑怯）的愿望出发而不愿正视的事实。他论述中国历史上的统一与分裂，用统计手段得出一个基本结论：虽说中国人久已相信分久必合、合久必分，而事实上却一直是分裂远远多于统一。一如这欢聚时少而别离时多的人生。同时他还提示，分裂政权对于区域开发其实有着莫大的贡献，南方很多地区正是在分裂时期才得以开发成熟的。这些，现在已差不多成为学界常识，但20多年前我初闻这些见解时，不仅感觉十分清新，简直觉得不可思议。我相信这些史实对于中国当今乃至今后的社会发展，都是值得深长思之的。

三

进入史地所读博以后，我把葛先生的"历史人口地理"课又听了一遍。不仅这门课，但凡葛先生开设的课程和讲演，以及需要他讲话的场合，只要时间能对得上，我都尽量去听。哪怕他之前讲过同样的题目，换个场合，他可能又会讲出些不同的内容。对比着分析其中的异同，无疑是件更让人受益匪浅的事。

那几年，葛先生已经在跟曹树基、吴松弟两位先生合作撰写六卷本《中国移民史》了。这套书后来由福建人民出版社于 1997 年出版，产生了重要的学术影响。而之前，为方便读者，他们推出了一本《简明中国移民》(1993)。这项工作从 1988 年开始筹划，前后 10 年始克有成。

移民史是谭其骧先生生平最喜欢的学术领域之一。他自 1928 年受潘光旦先生影响，1930 年在暨南大学的本科毕业论文就是一篇长达 6 万字的《中国移民史要》。1931 年底，他在燕京大学研究院完成的硕士论文为《中国内地移民史·湖南篇》(1933 年《方志月刊》转载时改题《湖南人由来考》)。后来他每到一个地方工作，都会注意当地居民的形成过程。自中年以后，由于他把主要精力投入到《中国历史地图集》《中国自然地理·历史自然地理》等大型集体项目上，再没有时间打理个人的兴趣，移民史也就不得不放下了。葛先生将这一领域接过来，可以说完成了谭先生的一大心愿。

事实上当然不只是遂了谭先生的心愿而已。毕竟时代已进步了数十年。我推测，这项工作若由谭先生本人完成，大概会写成两本书：一本着眼于移民的源，即类似于他的名篇《晋永嘉丧乱后之民族迁徙》那样的工作；一本立足于移民的流，将《中国内地移民史·湖南篇》扩展至全国。葛、曹、吴三位先生的《中国移民史》将这两种思路综合在一起，其中，前四卷(元以前)主要相当于前一项工作，后两卷(明、清、民国)大体相当于后一项工作；应该说，总体来看，无论是工作的深度和广度，还是新资料、新方法的运用，新认识的总结和提升，都大大超出了谭先生当年的预期。

这项工作告成以后，葛先生又组织撰写了一套六卷本的《中国人口史》。与《中国移民史》相比，这套书规模更大，参与人数更多。如果说，移民史是谭先生的未竟心愿，那么人口史则是谭先生极少涉猎的工作。它不仅牵涉到历史学、地理学，更需要人口学、制度史的知识背景。由于已有之前雄厚的移民史研究为基础，这项工作进展得很顺利，到 2002 年就由复旦大学出版社全部出齐。问世后，迅即引起国内外学界广泛关注，获得高度赞誉。

那几年正好赶上全国文科科研体制渐次发生重大改革，各种基地、平台相继成立，葛先生作为当时的史地所所长，经常被人问到一个敏感问题：谭其骧先生离开10 年了，现在史地所有无人超过谭先生？对此，葛先生总是谦逊而自信地回答：作为个人，我们没有人能超过谭先生；但作为一个集体，我们的工作超过了谭先生。

身为谭先生最年幼的学生，我不能不承认，葛先生这句话是十分贴切的。多卷本移民史，这是谭先生想做而没做成的；多卷本人口史，更是谭先生没想过的工作。我甚至怀疑，即便谭先生中年以后不被《中国历史地图集》这样的大型集体项目缠住，移民史这样规模的著作他也未必能完成，因为个中工作量之繁重，实在超出了个人所能承受的限度。而谭先生对学术又极严谨，有时完全到了有洁癖的程度。要不是葛先生这样一方面坚守学术底线，同时又施展其组织长才，学界何时能用上这样两套大部头著作，实在是一件不可知的事。

四

近年来，提上述问题的人基本上不太有了。其中一个很主要的原因是史地所已经有了新的标志性重大成果，那便是葛先生与哈佛大学地理分析中心主任包弼德（Peter K. Bol）教授共同组织，两个单位合作开发的"中国历史地理信息系统"（CHGIS）。这可以说是谭先生主编的《中国历史地图集》（业内简称"谭图"）在信息时代的升级产品。

作为新中国成立后至改革开放前史学界两项最重大的基础工程之一，"谭图"（另一项是标点二十四史）包括 20 个图组、304 幅地图，收地名约 7 万个。它的贡献当然是多方面的，但从使用的角度，我认为最突出的是两点：一是，这是第一部将历代政区精确到某一年的历史地图集；二是，它采用了现代地图作为底图。这就将历史地图提升到了科学的高度——此前所有的同类地图其实都只具有示意性质。

由于工程量浩繁，"谭图"对每个朝代只设定了一两个"标准年"。这对于了解历代疆域变迁及政区设置概貌基本上有效，但对于具体的历史研究，则常常不够用。如果想了解的内容不在"标准年"，读者便不得不自己去进一步考证。之所以如此，从根本上其实受制于纸质载体的表现力。它是静态的，每增加一个标准年就要增加许多篇幅；就连发现了一些小错误，要在新版中及时纠正也非常困难，因为需要重新制版。职是之故，谭先生生前就对该图集有诸多不满意，却一直无可奈何。

这种种无奈到了信息化时代都不复存在。自从 GIS（Geographic Information System）技术发达以来，通过编撰数据库，以此为基础实现计算机自动制图，这就使得逐年检索在技术上成为一件非常简单的事——只要数据库足够强大。等于是提供了一个多维动态展示的载体。而一旦发现某项数据有错，也只需在后台更新一下，实在是便捷之至。

在进入新千年之际，葛先生与包弼德教授携手推动了"中国历史地理信息系统"的研发。这里面，葛先生尽管不是技术专家，但他作为一位学术领导，敏锐地认清时代潮流，及时抓住历史机遇，策划并组织了这一项目的实施，可以说居功至伟。

尤需说明的是，CHGIS 的项目产品不仅是一个将中国历史政区精确到每一年的检索系统，它还是一个开放的、容量无限的信息平台。只要研发出一些专题数据库，加载上去，就可以由计算机自动生成一些专题地图。这就为中国历史上的时空信息创造了一个全新的支撑界面，也为一切关于中国文明的研究焕发出新的勃勃生机。

十几年前，我经常有这样一个困惑：历史地理学自1934 年"禹贡学会"成立以来，一直都在实现顾颉刚、谭其骧以及侯仁之、史念海等诸位先生在成立"禹贡学会"时树立的学术理想，包括将传统的沿革地理改造成现代的历史地理学，具体如编绘历史地图、编撰历史地名辞典、整理历代地理志，等等；70 年间，由于技术进步，那些理想的实现程度在与时俱进，但从大的方面看，学术问题、研究资料、研究方法都没有出现质的创新。现在看来，GIS 技术的应用，可以称得上是一场方法上的革命。

从表面看，GIS 只是一种表现手段；但就研究过程而言，它的意义远不止于此。它是一种新的技术体系，要求研究者将各种信息格式化、规范化，然后编撰出数据库。当然，历史资料时有缺环，特别是一些人文资料很难量化，为这一技术的应用带来很多困难；但是，它带来的是一种新的思维方式，一个新的看问题的角度，有了这一理念，也许可以找到一些新的代用资料，即或无法实现，至少能多一个新的参照系。

目前 CHGIS 系统的研究还没有最终完成，史地所官网"禹贡网"上还只能提供部分数据下载。而史地学界基于 GIS 技术的研究已出现了不少引人瞩目的成果，其精度之提升令人震撼。例如，以往研究河道变迁只能用手工画一些示意图，现在凭借历史文献、古旧地图、遥感图像等多源资料可以找出具体的定位依据。不难预见，随着 CHGIS 系统的成熟和完善，中国历史地理乃至于一切基于时空信息的中国文明史研究都会出现一个崭新的局面。而这中间，葛先生的推毂之功是不会被遗忘的。

五

自 20 世纪 90 年代中叶以后，葛先生时不时地走出书斋，很快成为文化名人，现在更是名满宇内的公知。他到过南极、去过北极，走进过非洲，西欧、北美常来常往。经常，好长一段时间没见他，正想念，却在媒体上见着了。或正接受采访，或在某地讲学。

对于葛先生这种生活状态，也许有些学者不太以为然。毕竟按照某些人的想法，躲在象牙塔里皓首穷经才是所谓的学者本色。这里面当然有个性的因素，在一个多元社会里，凡有利于学术和社会进步的行为都应该受到肯定。我个人感觉，葛先生近 20 来年的种种努力，至少在客观上大有利于中国历史地理学的发展。

作为历史学和地理学之间的一个多学科交叉研究领域，历史地理学无论是在历史学还是在地理学里面都不可能占据主流位置。新中国成立以后，它之所以能在学界和社会上具有一定影响，与谭其骧、侯仁之、史念海三位巨匠的个人影响是分不开的。近 20 余年来，先是三位先生渐入老境，终至凋零已尽；继之"20 后""30 后"两代学人也年岁渐长；弘扬历史地理学科、引领后学前行的重任，历史地落在了葛先生这一辈学者肩上。他牺牲一些个人做研究的时间，走向社会，对于提升历史地理学的社会知名度，扩大历史地理学的学术影响，确实起到了不可忽视的作用。

　　况且，葛先生从来就没有远离学术一线。他卸下史地所所长之职后，担任复旦图书馆馆长，同时一直坚持在史地所开课、带研究生。他指导的博士论文有两篇获得全国百优，还有多篇获得提名；他门下高足颇多龙象，虽不能说"极一时之选"，至少可以说"于斯为盛"。

　　关于学生，葛先生总是谦逊地说：好学生不是老师教出来的，是学生自己学出来的。从老师倾注心血的投产比来看，这话确有一定道理。估计很多为师者都有类似体会：越优秀的学生，教起来越是省力，往往一点就通，还能教学相长；否则反之。当然话也要说回来，再优秀的学生，也需名师点化，同样的学生在不同老师手下出息不一样，可见树大从根起，老师的作用不能不说是"大矣哉"。

　　事实上，从葛先生对谭先生，也可以看出他对师生关系的真正诠释。葛先生与谭先生之间有一种类似于父子般的感情。他自读研期间开始担任谭先生的助手，前后10余年，举凡谭先生的日常事务，包括往来信件、对外联络、代收薪资稿酬，等等，都是葛先生帮着处理；至于编校文稿之类，更是责无旁贷。尤其难得的是，谭先生自1978年中风后不良于行，每次出差都是葛先生陪护，学术助手更兼生活秘书，这是很多子女对父母都难以做到的。

　　还记得在谭先生的告别会上，葛先生起先一直在抖擞精神照料场面；待来宾散去，轮到及门弟子行告别礼时，葛先生紧绷的神经突然放松，顿时哀伤逾常，痛哭失声。当时在场的谭门受业无不泪泗滂沱，如丧考妣。2011 年复旦举行谭先生百岁冥诞的纪念大会，葛先生在讲话中情致深茂，多次声音哽咽，泣涕潸然。这当然都是真性情的天然流露。显而易见，若不是对老师的栽培之恩念兹在兹，葛先生不可能如此自感并且感人。

葛先生曾在《中国移民史》的前言中强调：是谭先生的移民史研究"为中国移民史的撰写奠定了坚实的基础"，这"不仅是指他对某一时代、某一地区、某一民族的具体研究成果，更包括他所提出的一些重要的理论、精辟的见解和独特的方法"；不仅如此，他还写道："在协助他选编、校定论文集《长水集》的过程中，我研读了他有关移民史研究的全部文稿，并有机会聆听了他很多没有写成文字的观点，对移民史的认识又进了一步。"（《中国移民史》第一卷，福建人民出版社 1997 年版，第 4 页）这些文字让我十分佩服，同时也十分感动。他如此推崇谭先生的功劳，特别是声明有些认识得自谭先生未曾成文的耳提面命，既表明了他对科学道德、学术伦理的尊重，也充分体现了他对自己学术贡献的安全感。

六

葛先生是个有性情的人。作为上海人——尽管他经常声称祖籍绍兴，但从少年时就移居上海，从文化地理角度他显然应该算上海人——他很注重生活的品质。当然，以舒适、惬意为主。同时，也爱好艺术，如音乐、书法、摄影等。只是他非常理智，对这些都没有迷恋到发烧的程度。

表现最明显的是摄影。早在胶片时代，他就有很好的进口相机，而且在 80 年代他还买过摄像机；如此舍得花钱，我起先以为他肯定要做一个发烧友。可是没有，烧到一定程度，他就不烧了。水平当然是不错的，拍些片子做资料，设备和技术都绝对够用。

书法也一样。他练过，尽管平常很少谈论，可是一眼就能看出来。平常偶尔谈到某些碑帖，他也会流露出比较熟悉的样子。由于生活节奏快，他很少有机会舒毫，但对硬笔字相当讲究。年轻时笔下还未免拘谨，现在已经融心得于一体，进入"从心所欲不逾矩"的境界。浓浓的书卷气，非常有味道，绝无专业书匠的那些恶俗。其风格似以得力于二王（羲之、献之）为多。

音乐方面，他好像"此调不弹已久"。80 年代经常见他用一个日产的随身听，既用于听英语，也用于听音乐。当时他喜欢听西方古典。90 年代初，所里办公条件还比较简陋，有一次在全所聚会上，他曾用个人设备将他喜欢的音乐放出来与同人分享，也是西方古典。再后来就比较少见他欣赏音乐，但凡所里有聚会，他就表演清唱。平心而论，他唱功比较一般，但态度很好，往往以歌曲内容取胜。他不关心时下小年轻喜欢的那种鬼里鬼气的流行乐，但能记住他成长过程中一些奇奇怪怪的歌。有一次，他唱了一曲据说是"文化大革命"中最长的语录歌，咿咿呀呀唱了老半天，旋律一点美感都没有，听起来都烦得不得了，真难为他记了那么多年——不过说实话，他有没有唱错，我们也不知道，只好猛拍掌。

跟葛先生相处日长，我慢慢地发现，葛先生真是个天生干大事的料，就连对待爱好都能克制，绝不至于玩物丧志。他花那么多钱买那么些好设备，其一固然是喜欢，其二则是作为上海人，他具有非常领先、实用的消费观念。

从投入精力的角度看，葛先生应该不算技术控；但他对于一些与他工作和生活相关的新技术、新设备非常敏感，很舍得花钱。他大概算国内文科学者中最早用电脑的一拨人。早在 80 年代他就用四通打字机写作，进入 90 年代后，所里还没买电脑他就买了个人电脑，之后又不断更新。等所里买第一台电脑时，他已经用第三台了。他不仅自己用，还力劝同事、学生们用。史地所一些比他还年长的学者也很早就学会用电脑，与他的鼓吹有关。他曾在所里义务给同事们教五笔字型输入法，我就是在那个班上学会的，迄今未改。他多次说："如果等你到 90 岁了给你一台最好的电脑，有什么用?"意思是能提高工作效率、提升生活品质的设备一定要趁早买，早买早享受。

早在 1985 年他作为哈佛燕京学社访问学者留美期间，他就用上了汽车。在国内学人中不用说也是很早的。现在不知更新了几次。不过，说来也怪，这么一位屡屡站在时代潮头的葛先生，却从来不玩手机。尽管他很早就玩微博。我们要找他只能通过几个熟悉的座机号码，或者发电子邮件。

这就是机智过人、总能给周围人带来新鲜刺激的葛先生。我常感慨，能有这样一位老师，并长期与他共事，经常聆听他的教诲、得到他的点拨，实在是人生一大幸事。

原载《传记文学》2013 年第 12 期

九十年代初期的沪上书市

　　听我一个老师说，"文化大革命"结束后最初几年，是沪上买旧书的黄金时期。当时刚经历一场剧烈的社会变动，大量被抄出来的旧书都流到市面上，其贱如土。就连一整套百衲本的二十四史，连同木套，总共也不过一百多元。可惜余生也晚，无缘躬逢其盛。等我负笈沪上，早已百物腾贵，其时则已进入 90 年代。

　　不过当时沪上的书市仍是今天所难以想象的。前不久看到一篇文章，说上海悄然兴起"旧书热"，并且附有一张书市的照片为证，可是细审照片中的场景，一位现已头发花白的书商分明还在做奶油小生状，可见此调不弹已久。在此仅以个人的见闻为限，略述当日书市情形之一鳞半爪，权当前辈同人一笑。

一、文庙

　　文庙名声在外，可以说遐迩周知，现在仍每逢周日便有旧书交易，大体如乡镇农贸市场然。不过那时的文庙书市较之今日大有不同。其一是真正有书可买，其二则是除了每周日的小打小闹之外，逢年过节每每还有大型的书展，或曰庙会。

那时有书可买这一点，大体不用多说，有一阵子我简直有求仁得仁之乐。先一天听谭其骧师说王士性的《广志绎》价值很高，第二天跑过去便能找到七成新的一册。突然间想读陈寅恪的《元白诗笺证稿》，好几次去都能看到不同的摊位上摆着此书。至于寻觅了很久的《艺文类聚》，更是头回去就碰上了簇新的一套。这些书如今都没有什么，找个好一点的书店大多可以一揽子解决，并且价格较之当年并不昂贵，但当时这些书都在书店绝迹已久，而学术界的景况哀鸿遍野，等待重印几乎无望，能以较合理的价格轻而易举拿下，自不能不令人产生一种很美好的情感。后来我也曾像某些外宾一样，站在书店里不假思索地对书友说："这个这个这个这个，请送我家去。"可是到底送来了哪些，现在已经记不太清楚。

逢年过节的书市或庙会尤令人兴奋，因为设摊的颇有一些公家单位如出版社之类。那些单位都拿出一部分陈年家底，而售价又采取一种事实上保护消费者的方式，年头越久的折扣越多。那年头书价处于上升通道，越老的书定价越低。例如，上海文艺出版社出版的《民间文艺集刊》，应该说是一份很不错的刊物，原本定价就只一两元一本，在文庙书市上只卖到 2 折，等于半送。而上海古籍出版社的很多产品，如《中国善本书提要》《三言两拍资料》《列朝诗集小传》等，一般都在半价左右。只新书维持七到九折。对付那些定价既高、折扣又少的品种，我的绝招是置之不理，一则旧书还顾不过来，二则它总要由新而旧，等它旧了自不免多加折扣，是谓之慢慢来、不着急。

不过这样也往往留下隐患。最令我不能忘怀的是《说郛三种》。本来300元的定价，1992年春节曾打到对折，哄抢者如潮。我一想，不久前请周振鹤师替我买的《读史方舆纪要》，光绪二十五年石印本，合《方舆全图总说》32册才60元，《说郛三种》什么东西，竟要我两套半《读史方舆纪要》，于是昂首走了过去。不想从那以后，再也没遇上150元的价格。再后来是不问什么价的也没有了。再后来，不要说《说郛三种》，说什么都没有了。

说不清从哪一年开始文庙便没有了大型书市。我最后一次赶春节庙会是在1993年。之后连续两年回老家过年，1996年特地与内子一大早赶过去，门可罗雀，寒风中瑟瑟着约十几个摊位，真可谓冷摊。百无聊赖，硬拿了一本陆侃如、冯沅君的《中国文学史简编》修订本压压手。再之后是连续几年不敢去触这个霉头。去年年初一又去看了一看，仍旧没有。今年年初一是周六，撑到初二跑过去，总算又看到了挥汗如雨的场面。不过熙熙攘攘的多是围绕着漫画、游戏书摊涌动。仅有的几本有点意思的老书，摊主都喊出冲天炮似的高价。最后还是在门外拿到几册，如民国二十四年商务印书馆出的新学制中学国语文科补充读本《捫掌录》、抗战期间重庆土纸本的残书《女作家自传选集》等。事后感觉，这可能毕竟还是过年。初九再去，市面便大不如前。以往让读书人津津乐道的文庙书市，怕是再也不会有什么花头了。

二、文汇书展

与文庙的大型书市比，文汇书展坚持的时间稍长一些。我的书账上最后一次来自文汇书展的进项是1995年，不清楚它后来还办过没有。

文汇书展的规格是沪上最高的，一年一度，地点在工人文化宫，时间一般在3月下旬，1995年后延了一个月。展品以新书为主，也有旧书。我辈所重在旧书，自不待言。旧书中包含一些特价的学术著作，而大量的是"商中旧书"，即新中国成立前商务印书馆、中华书局出的书，主要为《四部丛刊》《丛书集成》及少量《四部备要》的零种。

第一年我是在书展的头天去的，买到一些出版年份较早、市面上已经见不到的书，如《十驾斋养新录》、若干种史料笔记以及一些有质量的文史著作。这些书当然很让我激动，又便宜又好。尤其《十驾斋养新录》，那之前我已经寻觅了好几年，后来又过了近10年才在市面上看到其他版本，现在想来仍然是得意。从第二年起我总设法去参观先一天的预展，结果买到的东西更多。每次都是一大捆，有两年还带着太太去做帮手，当然回来的时候她的双手也不能空着。斩获的大宗是"商中旧书"，几年下来《丛书集成》的零种积攒了数百册。买这种东西当然只能挑其中内容有用、又没有更好版本的买，要不然凑齐全套 3000 多册也不是难事。还记得买回《廿二史考异》《舆地广记》以及一些风土笔记等专业书时，师兄弟们都欣羡不已。周振鹤师说《廿二史考异》自"文化大革命"以后市面上就少见；而《舆地广记》直到去年我才在别处见到另一套。现在《廿二史考异》已有了《钱大昕全集》的版本，不单行；《舆地广记》估计若干年之内不会有整理本。

老实说，文汇书展后来没有了我并不痛惜，因为就学术书而言，现在打折的机会很多，"商中旧书"在沪上依然满眼皆是，有些甚至是刚从书库中拆出来的，十成新，比多数近年新书的品相还好。要不是在上海，你肯定要怀疑是否系伪造。我买的那些现在大多还不难找到，不过书价涨了约 10 倍之谱，《丛书集成》由当初每册三五毛提升到了四五块，《四部丛刊》本则无论线装、平装，每册都在 20 元左右，最高不过 30 元。对于学生们而言，买这些书比我当年稍显艰难，这不是书价的错，关键是他们的生存环境较之当年恶化了很多。

有意思的是，文汇书展的售书印在其他地方我也曾碰到过。1996 年前后五角场的一座商用楼上开过一阵书店，有一次拿出一批陈年老货，如上海人民出版社 1958 年出的《鸦片战争末期英军在长江下游的侵略罪行》、1979 年出的侯仁之先生的《历史地理学的理论与实践》，素雅无比，都是没拆过封的。所有抢到书的都高兴坏了。最后用印的时候戳的竟是那方风味很独特的文汇书展的售书印，不知道什么道理。

三、不定期书市

以上两种书市都是周期性的，间歇长，地点远，一般人不可能将其当作家常便饭，只能视为季节性进补。能成为家常便饭的是不定期的书市，一以其多，二以其近，三以其廉，四则就货而论，也不见得输于文庙庙会或文汇书展。

其中最令人悲喜交加的是图书馆的清仓大甩卖，或因为关张，或名曰剔旧。这种事每撞上一次就等于发一笔小财，不言而喻；可惜其高潮在80年代，已过去了。我只赶上了本校图书馆最后两次剔旧，前两次以及财大图书馆的处理都没有赶上。这是运气。尽管如此，我那两次买到的仍比任何一次外面书展上的都好。所有的书一律半价，品相不好的还可以另议。如1953年的《中华人民共和国分省地图》，16开布面精装，因为缺最后一页文字说明和版权页，只卖7毛5。而货源其实并不是真"剔"出来的，据说是因为馆址搬迁，到后来有些书便成捆成捆地往外放。例如，《中国通俗小说书目》《全唐诗外编》《陈垣史学论著选》《圣武记》，等等，要说"剔"，无论如何都轮不上的，姑且算对爱书人的鼓励吧。买这种书要有一副好身子骨，最好带个助手，否则你就做手脚不赢，眼睁睁地看着别人从你手边把一本本好书拿走，这就是"悲喜交加"的况味。另外图书馆还处理过两次零本过刊，所有期刊不论厚薄新旧，一律一毛一本，多买者优惠。当然所谓"旧"也只旧到1978年，更老是没有的，多数是80年代的东西；而零本不过是未装订之谓，有很多其实是差不多成套的，问题在于你能不能找齐。我便找到了好几年的《方言》《中国语文》和《文史哲》。当时复印是3毛左右一页，所以只要有一页有用，整本买下就是合算的。尤其有些期刊较为稀见，要是错过不买，等写文章要用的时候找起来就要命，如《凉山彝族奴隶制研究》，这恐怕不是很好找的。

本校图书馆之外，其他学校以致很多社区、企业和中学图书馆处理起来也是很有东西可挖的，可惜获知信息很难。我只碰到过一家中学图书馆剔旧，没有什么外面的人进去，别人都争着挑武打书，只有我一个人要学术书。定定心心地挑了半天，颇有一些《古书疑义举例五种》《明末清初的学风》《论巴蜀文化》之类的好书，共百余册，另外还有连续5年的《文物》以及别的一些学术杂志，价钱按定价打两折。搬回来时把我给累坏了。近年又有几次校外的图书馆处理，知道得都晚了。去年同济大学图书馆弄了几卡车书扔到一个垃圾站，知道时比人家已晚了一个多月，跑过去一看，好书都叫人拣光了。看到流到地摊上的那些捷足先登者的战利品，只能徒呼奈何。

相对而言，旧书店开张前主事者在信息方面总是力争公开的。如今旧书店在沪上被挤压得了无生气，但在90年代初颇振作了几回。一次是1991年3月福州路、山西路东北角的上海旧书店开张，那是我第一次见识沪上旧书店的盛况，买到《郎官石柱题名新考订》《坦园日记》等20余册。第二天忍不住又去了一次，添购了十几册。还有一次是上海书店整修成上海图书城（不是上海书城）后重新开张，但这次我个人好像没什么收获，不记得是当时不在此地还是怎么。后来它又办过一些书展，印象较深的有两次，叫作什么暑期旧书展，书确实挺多的，但主要是一些《四部备要》的零种，我只挑了《逊志斋集》《养一斋集》等三五本，图便宜。又有一次是1995年秋，门面在福建路迤西今上海书城的临街处，一溜小平房，卖的全是从上海市政府出来的书。前前后后在那里我总共得的书不少，其中上海书店影印的《中国现代文学史参考资料》便有三十几种，主要挑论著，全是半价。不久前在文庙看到有人将其中的某些书剥了护套充民国版，包着护套的《大众语运动》《中国新文坛秘录》也被喊到了30元，恍如隔世。

大约1993年以后，沪上的旧书店便呈式微之势。福州路、山西路口的那个旧书店何时成为别的商店，我已经没印象。四川北路的上海书店倒闭则是1993年4月的事。后者在关张前搞了一次回光返照，但价格并不便宜，基本上原价，我估计那天去的人都是像我一样看在它真的行将就木的份上才舍得出血的。书倒还有一些，我买了近20册，主要是一些古典文学方面的，如《罗根泽古典文学论文集》、蒋瑞藻《小说考证》之类。

那几年除了外面的书展,复旦校内的书展也如火如荼,就次数言,比上述各类加起来的总和还要多。1990年到1994年,我书账上有记录的共22次,骇人。要不是有案可查,谁告诉我说那几年的书展这么多,我肯定以为他在说梦话。地点一般在文科图书馆、工会或俱乐部,卖书的当然多是外面的单位送货上门。只有一次是校门口的新华书店打熬不住,好端端地把平常卖着的书特价处理,令人感奋。

展在图书馆的书档次最高,货也最好,展一次3到4天,每次都引起轰动。那些日子很多人都要接受看门的老大爷关于如何看钟点的教育,我相信那一定是老大爷一生中最值得珍惜的荣耀。我至今忘不了的是1993年4月中旬在文科图书馆举办的中外图书展,连续3天,每半天都补充新的货源,害得我每个半天都要去泡上一两个小时,关键时刻还与三位兄弟分工协作,最后盘点下来共得了150册,其中半数以上较为得意。毫无疑问那是我学生时代买书最爽的一次。略为不爽的是,看到成都古籍书店影印的一套《经籍纂诂》时反应略微快了一点,立在对面的一个小兄弟事后硬说我抢他的书,其实我看到那书比他早。

办在俱乐部的次数比较少,但质量也还可以。图书馆剔旧的最末一次便是在那里卖的,时间已在1992年10月。另外至少还卖过两次不错的书。1995年初冬我在那里买到对折的《唐代墓志汇编》,还有一套原价的线装影印《宋本方舆胜览》。后者在 1991 年本来也打过对折的，因为是 1986 年定的 100 元，此时已不肯再折。我忍了一时之气，稍后便看到在福州路上被标为 300 元摆在架上。

开在工会的书展起先也有几次不错。有一次我在那里买过对折的《周予同经学史论著选集》，据说先去的还抢到了香港原版的《中国厘金史》，当然折得更厉害。但没过多久便渐渐地难乎为继。有个同济书刊经营部，很频繁地到这个地方来搞书展，一来便旷日持久，没有十天八天不肯收场。我很怀疑它根本就是有把这里当家的打算。这就不大有什么名堂了。不过好在那地方位置适中，没事就可以去转它一转。工作后我住过一阵集体宿舍，晚饭后到那里去散过好几回步。书账上记着我就在下午要答辩博士学位论文的那个上午，还在那里买过《明史欧洲四国传注释》《河北传统鼓词选》等 5 册书，要不是就便，我是不可能有那么洒脱的。

已矣哉。1996 年以后，沪上的书市风流云散，复旦的书展也好景不再。代之而兴的是附近增开了若干书店，有的昙花一现，有的绵延至今。其中有几家也卖过旧书，有两家似乎以卖旧书为主，可惜主卖旧书的命都不长。那两个卖旧书的地方估计很多人连它的宝号都想不起来了，留下一丝印象的只是其中一家曾卖过沪上某著名作秀家的旧藏，都是别人签名送他的。美丽的总是短暂的。如今复旦人要寻旧书，恐怕只能到形形色色的地摊上去用功了。

2003 年 5 月 27 日

赤脚年代的读书往事

几个月前,一位 30 多年没见面,记忆中从没有说过话的女同学将我拉进初中班级的微信群里,另一位同学出示一张泛黄的照片,说是我们当年的毕业照,希望我辨认出一些同学。而我却一头雾水,连自己都认不出来了。经多人指证,说其中一个男生是我,并且结论完全相同;我只好同意说,那就是,那就是。然而在内心里,我却实在想不起来,曾照过这样一张照片。

多么遥远的岁月呀。

去年暑假,我回安仁小住。临回上海前,带儿子到我初中的母校游览。曾经那么熟悉的校园,早已找不到当年的一点影子。记忆中教学楼所在的位置,虽然仍矮矮地立着一幢楼房,却已成为学生宿舍,飘着花花绿绿的衣裤。更奇怪的是,居然有三层而不是两层。经向人打听,始知确实是当年的教学楼,只不过在十几年前加盖了一层。外人已无法入内,令人徒生"庭院深深深几许"的感慨。

一切的一切,都已经变得苍茫幻漫。然而在我脑

海，有一幅图景却依然鲜活。闭上眼睛，我仍能准确地
感知这周遭30多年前的那个世界。那些山，那些草木，
那些农田，那些水塘沟圳；还有当年行走过的田埂、林
中小路，以及上学途中见到的各种人、事、风景。当
然，更忘不了的是多少次上学路上的那些欢乐、迷惘和
忧伤。

1977年秋，我已经在安平公社石基头小学的初中部
开学几天了，家父从县城捎信回来，让我转学到县城去
读书。转学证上打的是转到安仁一中。到达的当晚，他
带我去一中找教导处皮主任，可是出差了。找不到接头
的人，父亲打算让我回去。在教育界服务已多年的堂兄
浩然建议，既然来了，何不去城关中学一试？他去找了
在城关中学工作的陈振明老师，经她联系，校方同意我
转来就读。于是我就成了城关中学的学生。

城关中学位于张家山("家"方言音读作"古")，行政上
属城关公社，当时完全是城郊。我从父亲工作的建筑公
司出发，经过副食品公司、老红军大院，或经过车站前
面的田埂，走到纵贯县城的主干道上；再往北走，左边
经过运输公司、公安局，右边走过县中队、教育局，南
北向的通道就到此为止。眼前横着一条东西向大垅，对
面山上坐落着银行，右前方是孤零零的林业局。从教育
局右侧下到垅里，沿着田埂，逶逶迤迤地走到张家山。
沿着一条长长的小路，越过不太明显的山脊，眼前出现
两排砖房，这就是城关中学了。两层楼的一栋，是教学
楼。教室之间隔着一些单身宿舍。前面一排平房，则是

食堂，以及几户带家属的老师住房。

当时的校园完全没有形状。没有围墙，也没有任何地界标志物。左边不远是高耸的枫树林，中间有些较大的空隙。有一次我们还在树林间开过全校大会。右边几十米开外有一口很大的水塘，差不多可以叫水库。在水塘和教学楼之间，有一小块泥地，这就是操场。我们就在这里上体育课。操场后面，有一大片当时感觉一望无际的旱土。每天夕阳西下，水塘对面的农机局在暮霭中露出剪影。夏秋时节，经常有同学在水塘里嬉水。偶尔县中队的士兵也会到塘边的泥地上来练习投手榴弹。

我入校时全校 5 个班。初二有四班、五班，初一为六班、七班、八班。我开始在八班，后来重编，被分到六班。在八班时，班主任是全洪发老师；到六班后，班主任先是王瑞和老师，后来直到毕业，为段邦华老师。

那是一个激动人心的年代。"文化大革命"虽然在一年前已结束，但社会各方面的变革还在酝酿。我们入校时，社会上对于读书还不是很重视(正因为如此，我才能轻而易举地从乡下转学到城关)；入校不久，高考恢复了。这是一个具有划时代意义的大事。影响所及，不仅是改变教育体系本身的评断标准，还整个转换了全社会各方面的价值取向。它意味着社会流动不再靠权力、凭关系，而必须拼真才实学。全社会对于科学、对于知识以及知识分子的尊重达到了一个前所未有的高度。

正是在这样一个洪流中，整个社会生机盎然。年轻人一个个野心勃勃，振兴中华的口号高唱入云。

受到这一大环境的牵引，全县的教育资源不能不进行重新配置。原先每个大队办初中、每个公社办高中的格局难以为继，取而代之的是在全县办 6 个重点中学。城关中学被改为五中。我们全年级重新分班，显然是顺应这一新环境的举措。

我常想，在 1949 年以后的几代人中，我和同龄人可以说属于最幸运的一代。小时候虽然吃过一点苦，但跟前面的人比起来，这点苦实在不算什么。自从发蒙，读书就没有被人为中断。小学玩了五年半；进到初中，开始抓教育质量。可以说玩也玩了，书也读了。而跟后面的人比起来，我们中学毕业前，教育体制还没有僵化，初中、高中各念两年。虽说考大学有点难，但在题海中少浪费两年生命，总归是一件值得庆幸之事。

刚从乡下转到城关时，对教学质量我并没有太多异样的感受。小学那几年，我一直懵懵懂懂的。到了县城后，相比于学习，更让我耳目一新的是生活环境。县城生活较之乡下各方面都有明显不同，就连方言都有不少差异。我在学习方面主要是听从父亲的安排。他是一个会计，教我对时间做各种规划，然后每天按计划实施。我个人要花心思的倒是如何适应县城的生活。

那时乡下男女同学之间有界限，但还没到很严的程度。到了城关，才发现男女同学之间壁垒森严，完全不可以有任何往来。男生称女生"斋婆"，女生则还以"斋公"。平常不得讲话，否则群笑之曰"骚公"（全称为"骚鸡公"）。偶尔偷看一眼也不行。"扯斜眼"同样是挨众人笑骂的有力证据。因为这一点，初中那两年，我不记得跟女同学有没有说过话——不敢说绝对没有，至少敢保证跟绝大部分女同学没有说过话。排座位时老师有意识地将男女同学插花排列，尽量让男女生共享课桌，桌面上必得划一条"三八线"。因不小心越过"三八线"而导致的战事几乎每天都会发生。

教室里的那些故事，现在我能清晰回忆的已经不多了。仍有深刻印象的是在上下学途中。从建筑公司上学，单程差不多半小时。走到运输公司以北，基本上就是城乡接合部。那时运输公司有很多板车，拉车的骡子威风凛凛，我在乡下从没有见过。它们性情温驯，时而健步拉车，时而在路边休憩。马路上到处可以见到它们的排泄物。

特别有意思的是午后，无论是上学还是回家，时间都相对从容。我记得上学时经常会偏离上述路线，弯到城关医院张清平(后改名尚立，北京交通大学已故教授)家，向他借小说边走边看。放学后则经常跟着同学们到处乱跑。或者打泥巴仗，或者到东洲、打靶场一带闲逛。有时就在银行对面的茶山里玩，用根小管子吸茶花里面的蜜汁。

几年后，在大学里学会一首苏格兰民歌《友谊地久天长》，中间第二段唱着："我们曾经终日游荡在故乡的青山上，我们也曾历尽苦辛，到处奔波流浪。"每每唱到此处，我就回想起当年在五中和小伙伴们一起度过的岁月。

母校之所以称为母校，是因为母校有很多如父如母的老师。我很固执地认为，老师和学生之间就得像中国古来的传统那样，老师待学生如子如弟，学生视老师如父如兄。这样的传统现在还有多少遗存，不好说；但我在五中那段时间，享受到的确实是如子如弟的待遇。

刚入校时，我记得好像是樊镇龙先生当校长。他瘦高个，为人和蔼，给我们教过政治课，讲课很生动。有一次上课，他要我们分析两段课文的逻辑关系，到现在我仍然记得很清楚。一年后，换成张乐贤先生当校长。张校长很有教育家风度，平常不多言语，举止也庄重大方，可是"望之俨然，即之也温"。望着他正气凛然的脸庞，就让人平添无限信心。由于跟他同族，我没有像别人那样称他校长，总是亲切地称呼伯伯，而他对此也乐于接受。在内心里我一直感觉，他确实是将我们这些学生视同子侄的(我一位同窗后来成了他的女婿)。

张校长夫人陈振明先生是语文老师，她教我们历史，极大地激发了我对这门课的兴趣。有一次上课，她刚开了个头，说今天准备讲什么，正好我之前看过相关的课外读物，知道一点皮毛，立马就憋不住跟同桌说了起来。陈老师随机应变，当即停下话头，让我大声把知道的说完，然后加以鼓励、分析。那堂课让我受益终生。后来我由一个理科生转而成为历史学教授，不能说与陈老师那堂课有直接关系，但只要一提到历史课，一提到教学艺术，我就会想起陈老师，就会回想起那堂课上的美好。

陈老师气质高雅，特别是有一双美丽的大眼睛。每当我们调皮，她对付我们不需要呵责，只需静静地瞪我们一眼。但凡对上她的目光，不管多调皮的小孩，都会乖乖地安静下来。我到现在仍记得她的各种眼神。包括她开心时笑起来的眯眯眼。

与陈老师一样有着犀利眼神的是段邦华老师。他教语文，也教过体育。他是安平芳岭人。芳岭与旱半以"学打"（练武）出名。段老师身形干练，是否身怀绝技不好说，但他教我们体育时教了一套拳，我到现在还能记得个大概。他为人厚重，不怒而威，上课说普通话，课堂效果极好。我还能准确回忆他在课堂上的许多情景，但更让我感动于中的是多次跟他在上学路上同行。他家住建筑公司隔壁，我经常有机会在路上跟他单独谈话。印象很深的是曾向他汇报过我的语文学习情况，谈过怎么投稿，谈过文理分科，谈过是否提前参加高考。这些琐事虽然过去了这么多年，但每次想起都历历如昨。就连他当时的音色特质在我脑海都栩栩如生。

相对而言，教我们数学的王瑞和老师嘴巴不太利索。他说话有点结巴，就住在教室后面。有次在课堂上，他说，小时候他本来不结巴的，就是因为反复用土话念一段著名的顺口溜："一个白胡子老倌，拿把白斧头，劈了个白壁头。"结果把自己给弄结巴了。好在他教数学，这一点非但没有给他造成负面影响，反而让他的课更有特点。6年后我回一中任教，有一次跟几个同事说起王先生是我老师，一中刘冠群校长很公允地说：

"王老师的课有个最大的特点，没有一个字的废话!"对于追求课堂质量的人来说，这当然是一个很高的评价。

上述几位都是长辈。年纪大我们不多，让我们感觉如同兄长的也有两位。

一位是全洪发老师，教化学，也教过地理。他家住下街，那时好像刚参加工作不久，骑一辆崭新的自行车。天晴时只见他风驰电掣，刹那间绝尘而去；下雨就只好把自行车扛在肩上，高一脚低一脚地在田埂上艰难地跋涉。那一带的泥巴很黏，下雨天不要说骑车，推都推不动。到了学校宿舍，又得打水将自行车心疼地擦拭干净。他说话很幽默，无论是上课还是平常说话都深受同学们喜欢。我至今仍记得，一路上每每有人笑他扛车，他就自嘲地说："天晴我骑它，下雨它骑我!"

另一位是张家贵老师，教外语。他弟弟家富(现为北大城市与环境学院教授)就在四班，印象中家贵老师就是一个标准的大哥。他教了我们两年，从 ABC 教起。开始时我有点畏难，半个学期后，对这门课产生了兴趣。那时全县好像只有一中、五中能在初中开设外语课。为了照顾乡下的同学，到了高中后，我的外语又不能不从 ABC 学起，令人大倒胃口。更要命的是，到了大学里，我又被迫重学 ABC，简直被弄得趣味全无。就个人感受而言，后来我遇到的这些老师，都不及家贵老师让人喜欢、佩服。这里面可能有些感情因素，但最根本的无疑还是家贵老师上课能让学生受益。

除了这两位，还有一位年龄上也是大哥，却让我们感觉比较敬畏的，是杨文生老师。外地人，大才子，教我们初一的语文。他能说一口漂亮的普通话，写得一手漂亮的板书。他在课堂上深情地朗读当时流行的那段名言"人的一生应该这样度过……"至今让我神往。记忆中他经常独自往来于学校和城区之间。我曾多次悄悄地跟在他身后，行走在张家山那缓缓的坡道上。看着他那略微褪色的布面鞋，和一脚一脚特别舒展的优雅步态，心里满满的是对知识、对才华的向往。

回忆总是忧伤的。很多人回首往事，总希望能回到小时候，觉得那时候无忧无虑。而我，却从来没有过类似的感受。

当年在五中念书，记忆中衣服总是打着补丁。一到夏天就打双赤脚。后来在大学里，流行一首台湾校园民谣《赤足走在田埂上》，很多人喜欢唱，而我却不喜欢。因为在高中毕业前，我一直过着赤脚走在田埂上的日子。那是我不想要的生活。

我想要出去。小时候在山上放牛，四周是一圈闭合的青山，紧紧地遮住望眼。我想到青山外面去。到了县城，视野开阔了，但极目望去，四周仍是山。我想到山的更外面去。

幸运的是，我赶上了一个可以自己决定命运的时代，上了一个好学校，遇到了一群好老师。

写这篇文章的过程中，我回了一趟安仁，出乎意料地见到了窦炳荣老师。记忆中窦老师并没有给我们上过课，但他儿子红丁在我们班，他和师母对我一直非常关心。事先我没想到他和师母还如此康强健旺，获悉他们的近况，心里有一点小激动。那天师母先出来，远远见到，就亲切地连声喊："俫即！俫即！"（儿子）——听到这久违的声音，我竟忍不住热泪盈眶。

我对窦老师说，他给我印象最深的有两件事。一件是，我们初一时，他教四班，有一次讲语法，我站在窗外偷听。他用了一个很浅显的比喻来说明谓语和状语之间的关系，从此我理解了句子成分。另一件事就重要得多了。高考结束后，我去五中玩；因为考分不很理想，他略带遗憾地对我说，以我的情况，不应该学理科，应该学文科，考复旦新闻系。那是我从来没有想过的可能。以我当时的境况，当然无法改弦更张，但后来我选择朝文科发展，并且以复旦为目标，确实与窦老师当时的教导有直接关系。

老师的一席话，就是学生心中的一盏灯。高明的老师对于学生的影响就是这样，能持续一生。

作为在传统乡村长大的人，我相信一句古话：仁者寿。在此祈愿我所有的老师福寿绵长！祝母校越来越兴旺，为一代代像我当年一样的学子，点亮他们未来的希望。

原载《澎湃新闻·私家历史》2015 年 10 月 8 日

千古文章未尽才

——悼尚立

尚立原名清平，也是安平人。有些朋友看到他也姓张，以为跟我同宗，其实不是。他是枧平张，我是坳上张，两个宗族无血缘关系。

我跟他初中在五中同班(六班)；高中考到安仁一中后起先不在一个班，第二年因有些班重新调整，他又来到了我在的高84班。晚我一年也考到湖南师大，就读数学系；毕业后也回到安仁一中共事，晚我一年考研离开。他考到华中师大数学系，1991年毕业后分到北方交大(今北京交通大学)。

可能同是安平人的缘故，先父跟他父母都相识。他家住城关医院，初中时我常去。因此跟他哥哥和弟弟、妹妹也都认识。高中两年学习紧张，去他家去得少。工作后懂事了，虽然去他家次数仍有限，但每回在外面见到他家里人都打招呼。我自到城关读初中就跟小学同学基本上失去联系，高中到一中后又跟初中同学较少来往，大学以后跟中学同学保持联系的仍只有三五位；这中间，唯有他是从初中开始就同学的。而他竟然就走了，呜呼！

尚立初中时可能比正常年龄小一岁的缘故，身型瘦小，但非常灵活，同学们昵称他"猴子"。他似乎到高中才开始长起来。看我们高中毕业照，他跟我站同一排，身高差不多。我记得那时是一米六差一点。跟现在的孩子不好比，但当时在班上可以算中等。

初中时我去他家，主要是两件事。或者约他一起上学，或者借书看。他家并不在我上学路线的半当中，但弯得不多；因此，但凡时间充裕、天气晴好，我常会弯过去叫他一声，然后一起上学。这当然只有下午，或临近放假才会有此闲心。更多的时候是去借还书。那时我好读小说，来源只有向人借阅之一途。到现在还记得有一次从他家出来，拿着一本小说，一边走路就一边看起来了。那是一个热天的午后。

尚立那时也看小说，只是痴迷程度不及我。他专长在数学。平时小考，我经常赢他；每逢大考，或是重要竞赛，他经常赢我。初二上学期，县里组织语文、数学选优。先父早就决定让我学理科，只同意我参加数学一门。亏得老师协调，经教育局同意我两门都参加。当时我已把高一的数学教材看完，自以为如探囊取物，手到擒来；谁知揭晓后名落孙山，而丝毫不以为意的语文倒拿了个第一。尚立那次也参加数学选优，为五中初中数学组拿到了唯一的奖项。其天赋可见一斑。

那时尚立读书不算很用功。反正该学学，该玩玩，成绩总归是名列前茅的。高中以后，学习压力大了很多——后来得知，我们升高中那年，有些乡中学让一些高中毕业班参加高中的升学考，这些人不少成为我们的高中同学。那时高中学制两年，高考录取率仅百分之四。竞争之激烈可想而知。

尚立高一的情况我不是太清楚，高二他来到了我们班。我在高一花了较多时间读课外书，到高二决定要正经读书做题了。每天要写一管钢笔水，写得手生疼（害得我总以为是那时的笔不好，到现在每见到金笔仍忍不住凑上去看，书柜里攒了各种品牌的十几支金笔）。而他却不紧张，照样该上课上课，该玩玩。后来他曾得意扬扬地对我说，他经常在下午第二节课下了以后，拿起作业本交给另一个同学："你作业做好了帮我抄一遍交给陈老师。字要写潦草点哈。——我打球去了！"

此时他还不满十五岁。

第二年大概是为了自励，他更名尚立。又碰上了一位以严厉而著称的新班主任——据说谭老师为了整肃班上风气，经常呵斥他："张尚立，你是个祸根！"弄得他想不读书也不可能。于是到秋天，我们又在岳麓山下相聚了。

很多人忆青春，总未免带着一股莫名的惆怅。我们那些年当然也碰到过种种困苦，然而现在想来，眼泪和欢笑都成了幸福。我们先后回到高中的母校，服务了两年又先后离开。尽管地区教委为了不让我们走，制订了种种奇怪的考研条件，例如必须报考师范院校等，这一切都没有对我们构成实质性影响。

研二上学期，我跟着导师到武汉查资料，住华中师大。刚在招待所安顿好，我就找到他寝室里去了。劫后重逢，我们有说不完的话。他带我游览华师校园。在郁郁葱葱的竹林中，我们穿梭漫步。华师校园很美，与岳麓山下风格不一样，也大有静淑之气。华师的食堂也不错。尚立带我去用过几餐，就在窗口点的饭菜，每次都清香可口。浓浓的荆楚风。

那几天，接待我明显成了尚立生活的中心。每天课后他都到招待所来照应一切。我们离开武汉去南京，尚立依依惜别，一直把我们送出很远。

之后几年，我们有好长时间没见着面。1990年秋我来到上海，1991年夏他分配到北京，虽说都有寒暑假，两人都回乡过多次，但彼此的时间表总是错开。1992年春节回乡，从一中老同学那里，我得知那个秋冬他回去过两次。先后送别他的双亲。这一消息让我听了异常沉重。他双亲年纪不大，当时都只60多岁。我自1983年经受丧父之痛，侯后家中风雨、世态炎凉均须本人直接面对，但至少还有个多愁善病的母亲在，精神上有个归依。而他居然在短短半年间恃怙双失，自己在外飘然一身，家中弟妹俱未成立，此中况味，非过来人不能体会。

再次见他，印象中已经是1996年夏天。那年历史地理专业委员会的学术年会在北大召开，会场在北大后面的一个宾馆里。刚住下，尚立就来看我了。那次因为我太太也去了北京，住在同学那里，会后又多待了好几天，见了好些同乡、同学，对于那次跟尚立在一起的过程已经有点模糊了。印象最深的是次日清晨他带我在北大后面的巷子里穿行，路过一个早点摊，锅里正熬着的一锅汤浓香诱人，忍不住驻足向摊主打听，承告为"羊杂碎"，于是两人各尝了一碗。同时还吃了两根油条，初步验证了上海人嘲讽北京早点"傻大黑粗"之"傻"。

尚立一如既往地黑瘦，还没有找女朋友。四周同乡、同学很多，因而也并不孤寂。同乡在北京有好几位在发财，他跟那几位有交往，当然不可能同路。我问他未来的打算，他说想出国。我觉得此意甚好，心里默默祝福。

那年秋天我进入一个全新的忙碌状态，随后几年与他疏于音问。2001 年秋从日本回来，获悉他得了鼻咽癌，做过手术，没事了。也正因为此事，出国的念头也放下了。2002 年我弄好新房子，到过年时，听说他又住院了。我赶紧从老家问到他手机，给他打了个电话。

听到他的声音，我不禁哽咽。由于做过手术，他的声音已完全变了样。说话嗡嗡的，很难听清楚。只有一些语助词还能显出昔日的声音特质。我完全不能适应，好几次请他太太从旁转述才得以达意。他感受到我对他的挂念，反复跟我说没事，他状况不错，完全会好起来。

2005 年夏天我去了北京，住在高中同学钟晓红家里。我们一起见面聊天，尚立的状态完全与常人无异。看得出来，他已将精力集中在科研上，发表了不少高水平论文。他说，由于说话声音失真，他讲课的效果要打点折扣，科研是他最适合的一条路。我到他家去做客。孩子已经两岁，天真活泼，还不能上幼儿园，请老姑妈在帮着带。对于未来，他充满着信心。他主动说，某某人在六几年就做了肝癌手术，也没事，后来还活了30年。我很为他的心气感到高兴。

2008年奥运前，我全家进京，尚立盛情邀请我们在他家附近的安仁餐馆小聚。回他家的路上，他像小时候一样搂着我肩膀，低声问我近况。我给他做了简要介绍。他说，他对我一直很挂念，几年前接到我那个拜年的电话，一听我声音就很感动。言语间，我们都体会到了彼此间兄弟般的情意。

我老家风气朴拙，人与人之间很少把情意挂在嘴上。尚立作为一堂堂理科男，尤不善于做儿女态。那个晚上，在华灯映衬着的北京街头，他的温情让我终生不忘。

转年春，我有机会在北京待一个月，中间当然要抽空跟他和晓红相聚。此时他的境况愈发喜人。马上可以上教授，他自谓"有希望、无把握"，另外还得到一个去美国做访问研究的机会。他说，本来可以待一年，可是太太请假不便，只去待半年算了。

尚立赴美直到次年9月才成行。此前我已在申请哈佛燕京学社的项目，特地跟他联系，看有无机会在美国相见。他告诉我，他的职称已顺利解决，新拿到一项国家自然科学基金，而在美国相见则无有可能。次年 3 月他就会回来。

他回国以后我才收到哈燕社的邀请。成行前又去台湾待了两个月。从美国回来后，异乎寻常地忙，到过年前才互致问候。两周前从外地出差回沪，在火车上清理手机短信，读到他今年过年时给我的祝福：

祝伟然兄，马上发财，马到成功！尚立

心里为之大恸。当时车上人多，有泪流不出来。

给他发短信前，我心里还默念：今年是他本命年，但愿他平安顺利。收到他回我的这条短信，一如既往地简洁、平静，我还坚信他一定会像我去年一样太平。

孰料五一节我在福州路逛书店，突然接到钟晓红同学的电话。说尚立因昏迷，已进了医院，此刻联系不上。我很诧异。自 2005 年夏天相见后，我一直没把他当带病之人，总觉得他跟我们一般无二。他到今年也才 48 呀，正是阅历、眼界、精力各方面配合得最好的时候。看他每次见面时都生龙活虎，谁能想到会有什么意外呢？

晓红让我别担心，有消息再相告。我心里还存着一份侥幸。万不料，6 月 11 日，那个星期三的早上，我骑车刚走到光华楼下，准备为学生连上四节课，以弥补前一周因赴莫斯科开会而落下的课时，突然接到我太太的电话。她说，北京的同学发来微信，上午 11 时在八宝山给尚立送别！

一切的一切都那么无助。

教室里同学们已在等候。剩下 3 小时，也无论如何赶不到北京。我只好致电晓红，请他帮我办个花圈。尽管不能弥补我无法亲自去给尚立送别的遗憾，但希望多少能告慰尚立在天之灵，在这个世上，他有这样一位兄弟。

尚立走了。留下了数十篇论文，和一堆未竟的事业。从官网上得知，他是北京交大数据与信息技术研究所所长。另外还有一堆学术头衔，如中国工业与应用数学学会信号与信息处理专业委员会常务理事、中国统计学会金融统计专业委员会理事、国际一般系统论研究会中国分会概率统计系统专业理事会理事之类。若假之以年，相信他一定能有更高的成就。可惜，没有了。再也没有了。

不说了。在生死面前，说什么都多余。尚立走了，希望还天天在为荣誉、地位、成就而苦战的各位旧雨新知，珍爱生命，细水长流。大家无灾无病地活到老，学到老，开心到老。

愿尚立的家人吉祥，安康！

2014 年 7 月 13 日

《中古文学的地理意象》后记

　　我在 16 岁上本科以前，大概要算个文青。高中时奉父命选学理科，也就失去了进中文系的机会。多亏高考时发挥失常，被录取到地理系。又多亏有历史地理专业，然后从硕士起研习历史文化地理。这样，在走过几年本来也可以继续走下去的理科路线后，终于还是回归到自己更感兴趣的文科方向。这不能不说是老天的安排。

　　填高考志愿前，先父尝有言：大学考成这样，不能不去上；将来考研，你自己便宜处理。因此，我没有如先父所愿成为一名技术人员，不能算不孝。

　　虽然回归到文科方向，但毕竟在地理系吃了那么些年萝卜干饭，对于老师教的一些看家本领想丢也丢不了——后来发现，完全可以做安身立命之用。因而，我现在也没办法走纯文科路线，只能依偎于文理两界，涵泳乎史地之间。由此我对先父愈来愈感激，若非他以封建手段逼我学理科，我可能享受不到现在这样丰富的快乐(中国传统方式父爱之深厚，有如此者)。

　　研究历史文化地理不能不接触文学史料，日居月诸，发现这中间也包含着地理问题，而且颇有研究余地。于是陆续写了一些论文，大抵是借文学的酒杯，浇地理的块垒。现在将其整合成一本研究型专著，因重心在中古，也就颜其额曰《中古文学的地理意象》。

　　这是我第三本严格意义上的个人专著，距上一本《湖北历史文化地理研究》出版已经 14 年。世事沧桑，白驹过隙，我心里没有感慨，只有感激。

　　我很庆幸生活在这样一个时代，清暇自思，常觉得自己算天之幸民。小时候虽然可念的书有限，但先大伯父是读书人，常听他讲解文史典故，评析古今作品，在相当大程度上影响了我的读书及行文偏好。现在这本书得以撰成，我自然首先应感激他老先生。理论上，他是我的启蒙师。当时"文化大革命"正殷，先父请他悄悄地给我做过一个发蒙仪式。躲在一间僻静的小黑屋里，由他领我读他特地写在一张红纸上的语录。尽管那已不是我识字之始。

　　本书虽关乎文学，终究是历史地理。为此我时刻感念已经在天堂的两位导师。第一章是献给季龙谭其骧师的致敬之作，第四章要特别献给引我走上历史地理之路的何业恒师。作为历史动物地理专家，何先生鼓励我从事自己更感兴趣的历史文化地理方向；他走了以后，师母和哲嗣立庠、伯尧先生慨然地把先生积累下来的资料卡片交给了我。我曾以此申请到复旦大学历史地理"九八五"创新平台的资助，建了一个"中国珍稀野生动物分布变迁数据库"。目下该数据库尚未上线，第四章的主体正是在建库过程中撰写的。我希望能告慰先生，尽管我对文化更感兴趣，但在文化和历史动物地理之间，其实有很大的一个接合部。

本书写作绵延 10 余年，平常在与中文系傅杰、陈引驰、查屏球诸学兄的交往中，受到的教益不可胜数。近数年多承吴宣德、陈朝辉两位先生惠赐所需电子资料。这些都是本书的殊胜因缘，不可无纪的。

将本书组织起来，多承学兄吴松弟教授敦促。而内容去就及具体处理，得责编欧阳红女士的建议尤多。

内子李世红近年来全力支持我的工作，不仅承担了全部家务，还协助编制了第四章的三个附表。全书统稿过程中，其他章节的页码核查也主要是由她完成的。学弟聂顺新帮忙校阅文稿，陈浩东代为清绘地图。谨此一并致以诚挚的谢意。

原载《中古文学的地理意象》

中华书局 2014 年版

图二十一　老天自有安排

《定额制度与区域文化的发展》序

　　本书是在志平当年的硕士学位论文的基础上修改、扩展而成的。论文选题出自我的建议；初稿出来后，我又逐字逐句跟他一起讨论、修改，这样定下来的内容有 6 万多字。他毕业后，出于客观需要，我们合署发表过两个单篇。现在以专著形式出版，自然未便单署他的名字。尽管那以后他独立做过不少后续工作，现在也收在这本书里面。

　　最先注意到学额问题，是在我博士毕业后不久。在读《曾国藩家书》时，咸丰八年八月十四日给曾国荃一函的附片引起了我的极大关注：

> 　　次青一军欠饷二十万，断难弥补。次青乃设一绝妙之法，捐十万两请增广平江县文武学额各十名，又捐五万两请增广岳州府文武学额各五名。盖咸丰三年新例，捐银万两者，除各该捐生家给予应得议叙外，其本县准加文武学额各一名。去年今春，湖南办捐输加额一案，

长、善、阴、浏、潭、醴六属各加学额十名（捐银至十万以上者，加额亦以十名为止）。湘乡加三名，平江加一名。盖湘乡仅捐三万，平江仅捐一万，为数甚少也。次青以此项应得之口粮银出捐，加县学十名、府学五名，真可俎豆泮宫，流芳百世。各勇闻可刊碑泐名于学宫，亦皆欣然乐从。此事若成，诚为美举。前此咸丰三年，平江以团防出力，加文武学额各三名，系次青所办，余咨（抚、学）而成者。五年，湘乡援平江之例亦加额三名。弟营现在欠饷若干？若欠至七八万以上，则与各哨弁勇熟商，令其捐出。捐得七万，可增文武学额各七名，合之今春新增之三名，亦为十名，与长、善、阴、浏、潭、醴六邑相等，合之五年特奏增额之三名，则共为十三名矣。弟若办成此事，亦可俎豆泮宫，流芳无既。若弟营不能捐出许多，则或倡捐二三万，余再劝迪、希、浚、凯、玉班诸君子各捐若干万两，凑成七万之数，亦可办成此事，不让次青专美于平江也。

从中不难看出，曾文正对于为乡邦捐广学额一事极为重视。三天后，他又追加一函，称：

近来因学额一事，反复细思，若不趁此军务未竣、皇恩浩荡之时协力办成，将来即捐十万、二十万，欲求增一名学额，恐不可得。湘乡近年带勇剿贼，立功各省，极美极盛，而广额反不如长、善、阴、浏、潭、醴、平江之

> 多，亦不可谓非一阙典。

心情如此急迫，学额作为一种社会文化资源的稀缺性毕显无遗。

之前在研究历代科举人物地域分布差异时，对于其地域差异形成的原因总觉得很难分析透彻，至此突发奇想：很可能与学额不无关系。

两年后的一个中午，与学兄曹树基教授在校园附近的小面馆里畅谈，我向他汇报了这一想法。他很有感触，给我讲了一个故事。他说当年投考谭其骧先生的博士生时，因为他是江西人，先生在面试中问了他一个问题：宋代江西、福建文化极盛，但到了明清江南兴起后，江西、福建都衰落下去了，这是怎么回事？他说那之前他没有想过这个问题，仓促之间回答得不好；现在想来，应该就是"额"在其中起到了作用。

我感觉很对，这就是传统中国作为农业社会的一个基本特征：蛋糕就这么大，你切多，我就少了。民歌里传唱了几百年的"月子弯弯照九州，几家欢乐几家愁，几家夫妇同罗帐，几家飘零在外头？"反映的也正是这么一个现实。

前些年不少人研究中国历史上的灾害与社会，颇有人认为中国传统的灾荒文化是守望相助、全社会动员。我不否认确实有这个层面存在，但我同时也注意到另一个层面，那就是每当灾害来临，中国历史上首先开演的往往是一些以邻为壑，甚至趁火打劫的惨剧。——近数十年来，由于一些有志之士致力于将中国传统文化的老根刨掉，传统农业社会的特征正在弱化，文化中的这些消极因素连同积极因素一道都在被慢慢扬弃、改造，这是令人五味杂陈、不知何从自处的。

且不管那么多，却说我发现这个问题后，多少年腾不出手来收拾它，直到志平来跟我读研。

志平本科毕业于湖北大学政教系。我认为这样的背景对于研究历史上的定额问题是极有帮助的。事实证明，把这个课题交给他实在是找对了人。

志平具有很强的工作能力。他善于将任务分解成一个个具体步骤，然后分而治之。这一点，在他做博士论文的过程中表现得最充分，但这方面的能力早在他做硕士论文时就已经初露端倪。他具有很强的自我完善能力。刚开始这一工作时，不要说对学额，就是对长三角的历史地理背景都了解不多；他从最基本的历代政区沿革摸起，各方面扩充自己的专门知识，包含制度的、文献的、分析工具方面的。他绝不满足于仅仅从方志、政书中抄录一些数字，列表统计一下了事；他还积极搜寻当事人留下的一些回忆录，力求从运作层面把握一个制度的实态。在这样的基础上，再考量统计结果、各因子之间的相关性等较宏观的问题。

他的工作虽然以长三角为空间范围，但目光绝不局限于长三角。我跟他在讨论时，他常举出一些其他地区的例子，尽量避免从局部经验事实出发，产生过于偏颇的结论。

我常感慨，一个研究生要想在科研上做出较大成绩，应该选一个导师有感觉，但并没有做过的题目。不然就很难做出独创性较强的工作。谭其骧先生当年指导博士生，基本上都是这么做的。而题目确定后，是机械地完成任务了事，还是积极主动地思考问题，将自己带入到研究者的角色，这中间的结果差天远地远。志平从一名生手，到积极参加科举学界的学术活动，并自主地做出一些后续研究，这种工作态度是我感到十分欣慰的。

当初我意识到学额问题的重要时，对它所可能产生的影响，从学术上相当于一种假设。现在这一假设通过本书已得到初步验证，在此无须赘言。要指出的是，由于中国的疆域如此广阔，各地社会文化状况千差万别，同一种制度在不同地域的运作效果绝不可能等同，希望将来能有其他地域的同类研究成果出现，以期得出更全面的结论。

此外，我还有另一个期望。近年来，我常痛切中国文化正在走向一个与传统偏离相当大的方向，在这过程中，基本上就是"文"的东西越来越少。以致有些人将今证古，以为在古代已然如此。其实不然，我们中国本是一个有"文"化的国家。不管做什么，我们都要有所讲究——要有说法、有依据，而且还要尽可能地说得漂亮。这就导致事实与表达往往形成不同的系统，在制度文化层面表现得尤为明显。例如，唐代的行政制度在大部分时间里是州县制，只在玄宗天宝（742—756）至肃宗至德(756—758)年间更为郡县制,但在载籍中,称州与郡完全等效,一视行文需要而定。到了明清,高层政区本来无"省",但民间习称为"省",因而也就沿元代之旧而不改。至于各省的专名,更是五花八门,不一而足,只要不生误解就行。例如,"陕西省"亦可称"西安省","湖南省"可简称为"湘"、为"楚",这些称呼均可施之于正式文书,换在今天,简直不可思议。

我希望将来能有越来越多的人从事这种基于中国独特文化制度的研究,从一些具体而微的事实出发,寻绎其中的精神实质,并考量其在不同地理条件、不同社会环境中的变化,如果能得出一些合乎人情事理的认识,无疑将大有助于重新认识中国文化传统的价值。

原载《定额制度与区域文化的发展:基于清代长江三角洲地区学额的研究》,漓江出版社 2013 年版

讲事实，讲科学，不要讲故事

——序梁志平《水乡之渴：质环境变迁
与饮水改良（1840—1980）》

　　十几年前，曾有好几年时间，我曾为历史地理学的研究现状和前景深感忧虑。从 1934 年顾颉刚和谭其骧两位先生在北平发起成立"禹贡学会"，也就是现代意义上的中国历史地理学成立(今年正好是 80 周年)以来，前面差不多六七十年，中国历史地理学界所做的工作，基本上就是在实现"禹贡学会"的理想：将传统的沿革地理改造成现代的历史地理，编辑一套历史地图集，编纂历史地名辞典，等等。虽然说，实际取得的成就之高，一些大型学术基础工程的质量之好，远远超出了当初"禹贡学会"成立时的设想，但从问题意识、学科理论、研究方法诸层面，这些工作都在"禹贡学会"时，顾(时年 41岁)、谭(时年 23 岁)诸先生所预见的范围内，并无革命性进步。相反，倒是一些具体工作的目标越来越低。就著作、论文的选题而言，谭其骧、侯仁之、史念海三位先生，一出手都带着"国"字，或者"学"字。如谭先生主

编的《中国历史地图集》，侯先生的《历史地理学的理论
与实践》，而史先生在年轻时就曾与顾先生合著过《中国
疆域沿革史》。这样的工作，光看题目就令人神旺。稍
后，他们指导的头几批研究生在论文选题时，还多有泱
泱大国之相，如葛剑雄先生的《西汉人口地理》，周振鹤
先生的《西汉政区地理》，每人能做一个断代，或一个时
段较长、范围较大的地区。再后来，等这一辈学者的学
生出来，那就公侯伯子男，每下愈况。题目的限定词越
来越多，研究时段越来越短，区域越来越窄(甚至小到县、
乡级也不稀奇)。这样从积极面来说当然也算在进步，毕
竟思维越来越细密。然而就整个学科而言，不能不承认
其内在活力在下降。意味着找不到激动人心的新题目。
长此以往，真不知将伊于胡底。

　　志平来跟我读研时，我正处在困惑的极点。为了表
明不甘心走前人的老路，我建议他研究清代长三角的学
额。这项工作写了近10万字，加上他后续的一些研究，
去年已由漓江出版社正式出版。稍后他跟我念博士，我
就跟他一起分析：继续做学额，肯定能出成果，相对较
保险；而如果想有一些新的发展，有个选题是长江三角
洲的水质环境变迁。这个题目的重要性不言而喻，且尚
未有人深入探讨；但其难度也显而易见。令我不无意外
的是，志平稍作思考，毅然选择了新的挑战。

　　实话说，当初志平决定做这个题目，我对他能做到
何种程度并没有把握。一个完全陌生的领域，其中牵涉
到不少化学、生物学、生态学甚至环境工程方面的专门

知识。资料分布极为零散，从未有较大区域范围的统计；晚清以前的资料都是日常生活感受，缺乏科学意义的描述。如何将这些不同时代、不同地点、不同来源的资料纳入科学讨论范畴，在彼此间建立起可比性，首先需要在科学上对各具体地域水质环境变迁的规律有一个较深刻的认识，以此为基准建立起一个参照系，然后再对史料中的具体情形进行细致入微的考证。这一过程中需要建立一套指标。这样，其工作方法也就与传统的历史地理学研究大有不同。

我建议的工作方案，是从新中国成立后的"改水运动"着手，先摸清 1960—1980 年面上的情况。然后再利用各种文献，对各地水质环境的变迁逐一回溯，以此建立纵横（时间、空间）两个维度的变化序列。 开头我就跟他讲好，我不接受"以某某为中心"或"以某地为例"的做法，我要看时空序列。要讲事实，讲科学，不许讲故事。江南自古以来号为水乡，到晚近很多地方饮用水源还直接取资于天然水体，近数十年经常出现水质型缺水，中间这么大变化，如果要讲故事，一篇十几、二十万字的博士论文，几个故事就填满了。那样一个博士学位拿得也太容易了。不行，得按历史地理的规矩，做时空序列。

志平先是在图书馆用功，穷搜各种相关的新修方志。重点是各种专业志书，如水利志、卫生志、血防志、公用事业志、自来水志，以致环境保护志、水文志、土地志、鱼类志、湖泊志、河道志，等等。同时他也注意到其他各种资料，包括近代各种报刊，以及一些私人著述，如日记、回忆录、旅行记录之类。卷帙浩繁的《申报》，他过了一遍。其他一些地方性报刊，特别是一些县政类期刊如《浙江民政月刊》《浙江民政年刊》《江苏旬刊》之类，以往尚未引起有关学者注意。旅行记录方面，他特别重视域外人士的实地考察记录，尤其日本人的观察。除了近年大陆已经出版的各种外国人游记，目前尚未引进的"幕末明治""大正"两套各 20 卷"中国见闻录集成"（《幕末明治中国见闻录集成》《大正中国见闻录集成》，ゆまに书房 1997、1999 年版），他也过了一遍。为此他特地到北京去跑过一趟。

通过这些工作(地理学习惯称为"内业")，志平认识到，要做好这项研究，仅待在大城市、图书馆是远远不够的。必得去实地走访考察，从各基层档案馆中搜集一些仅存于当地的地方文献，并尽可能地培养一些地方感。为此他独自跑遍了太湖流域的市县，在多数市县级档案馆中都有所斩获。一个博士生而有这样的工作能力，实在让我深感欣慰和佩服。

在论文写完提交答辩的过程中，所有参与评审和答辩的专家都对志平这项工作的厚重赞赏有加。一致肯定他选题新颖、前沿，既有高度的学术意义，对当前社会现实特别是生态文明建设又有直接的参考价值，充分展现了历史地理学有用于世的学科特点。同时他收集资料之丰富、充实，远超出一般博士论文之上。这项工作的总体价值，基本上也就奠定了。

现在经过几年修改，志平将他这项工作出版成书。对学界而言，当然是一件好事。可以用作相关研究的参考。书中得失，文本俱在，读者自有明鉴。作为导师，欣慰之余，在此也想坦率地谈两点遗憾。

一是，志平具有很强的工作能力，而他的表达，我总感觉跟不上他的思想。这一点当然不光是他，当今很多博士同学都有类似的苦恼。我常说，执教这么多年，我总觉得自己首先是一个语文老师，只有极少数表达能力很强的同学才会让我觉得我其实不过是个历史地理老师。现在这个体制中的语文教育，真是让人欲哭无泪。志平这本书，要说尚需加强的地方，进一步提高语文能力，我认为是一个必要、重要以至紧要的努力方向。这方面我想不出什么特别的办法，只有希望志平高度注意，不懈地追求，逐渐地获得表达上的自由。并且从表达的技术层面逐渐上升到艺术层面。那样，不仅更有利于思想的交流，还会让读者获得一种审美的愉悦。

二是，志平虽然在史地所读了 6 年书，充分意识到了地理学思考方式和研究手段的重要性，然而毕竟是学文科出身。他对地理学方法和手段的掌握程度还不够理想，运用起来还缺乏感觉。这方面，突出表现在结论部分。按理讲，一个如此有重大意义的选题，做了如此厚重的工作，正文中已经分晚清、民国、新中国成立后三个时段对太湖流域水质环境的变迁做了空前深入的系统揭示，到末了，应该综合起来，得出一些比较宏大、高级的总体结论。未必要惊世骇俗、振聋发聩，一定要引人深思、令人回味。然而书中却只写了一个短短 5000 多字的结语。这就有点不相称了。其间原因，我认为主要是地理学方面的思想资源运用得不够。

当初志平毕业时，我对他说，老师们对你给出了好评，你要正确对待。一方面是肯定你已经做出的成绩，同时也希望你做得更好。毕业后一定要好好消化老师们的意见，把论文修改得尽量完善。现在他对博士论文做了修改，应该说，总体上已经有所提升。但我作为导师，对他一直寄予殷切期望，我总希望他能做得更好。因此，对于他将论文修改出版，我本来希望能再从容一点，改得更成熟一点。可是，作为他承担课题的主要成果，课题期限到了，不拿出来似乎说不过去。于是只好从长计议。既然学问需要一辈子的日积月累，何妨把这本书看作一个阶段性成果呢。前路漫漫，希望志平一步一个脚印，不断开拓新的领域，不断推出成熟度更高的新论著。

是所至望。

原载《东方早报·上海书评》2014 年 12 月 21 日

文白异趣与文理殊途

日前读刘绍铭的随笔《文言和白话》(《东方早报·上海书评》2009 年 6 月 21 日)，他认为白话文不如文言文耐读，而白话文又受了翻译的"污染"。读过之后，颇觉其见解有片面性。

百余年来，中国语文遭遇亘古未有之变局。以白话代替文言，只是一个表象；就深层来说，钻研语文的人群也在发生变迁。此前，读书人基本上是文人，可以说，古代舞文弄墨的集中了各个时期最优秀的分子。西学东渐以后，形势大变。由于教育分科、文理殊途，"学好数理化、走遍天下都不怕"成为引领人才分流的号角；自兹以降，最优秀的人才绝大多数义无反顾地选择理科，偶尔一二漏网之鱼钻进文科，也往往直奔财经、金融、政法而去。竟日跟文字耳鬓厮磨的，多属下驷。普天之下，概莫能外。这，不能不说对现代汉语形成了较为深刻的影响。

就上揭刘文来说。其开篇引陶杰的话，将张爱玲之外的现代作家如巴金、鲁迅、朱自清一笔骂倒。笔者不知陶杰何许人，观其出言之狂妄悖谬，在此可置不论。刘先生稍为中庸，在张爱玲之外，又捧出梁实秋、钱锺书两位；同时引童元方拈出的数例语证，以说明"我们的白话文是毁于英译中的'怪胎'"。应该说，其立意清澈明朗，行文也煞是通畅，然而，其论证则并无效力。

刘先生举出的所谓"怪胎"分别出自傅东华、梁实秋笔下，都是译文。可是，刘先生想说明的却是整个"白话文"，而且是"我们的"。显然，证据有所不足。然后，他讲钱锺书的文体没有受到翻译的"污染"，拿出来的又是钱锺书的创作。在此不能不说，刘先生的思路实在太发散。他想证明傅、梁的白话文受到了"污染"，应该拿他们的创作说事。进而要比较傅、梁与钱的区别，须分别就译文、创作各加以比较才行。就其所据材料而论，只能认为傅、梁的译文受到了翻译的"污染"，如此而已。

笔者没搞过翻译，译文也读得有限，不过，翻译之不易，笔者也稍稍能够体会。截然不同的两种思维方式，如之何能圆圆整整各方面照应得天衣无缝？顾全了意思，未免伤及语序；要忠实语言风格，肯定就不是汉语。不要说中外语文，就连从汉语的文言译成白话、从方言翻为通语都大不易。因此，"信、达、雅"也好，"硬译"也罢，水准难免有高下，而旨趣则未始不能说各有千秋。在译作中见到超出汉语习惯的表达，便斥之曰"怪胎""污染"，恐怕未见得是持平的态度。

刘先生很欣赏文言，退而求其次，他对于"文白的结合"也较为推崇，认为"柳暗花明，自有一番新气象"。这可以理解。不过笔者认为，要求得新气象，这还只是途径之一，此外，少不得还须求助于翻译。因为无论文言、白话，骨子里都是文学语言，不宜表达精密思想。要将其应用于日新月异的现代世界，必须不断丰富其表达手段，而这，文白结合恐怕无能为力，非借鉴外语的语法修辞不可。

以前研究中国国民性的人，普遍认为中国人马虎，凡事"差不多"，这当然跟汉语的思维特点息息相关。汉语灵活、简洁、蕴藉，往往一语双关、言有尽而味无穷。这样的语言，用来抒情表意无疑是再舒服不过，然而用于科学研究则颇令人伤神。因为科学语言讲究的是无漏洞、无歧义，每一句话有解，而且是唯一解，言止则意尽。不言而喻，让汉语来承担这样的任务，实在是很不轻松的。

还记得在大学里写考察报告，刚开始以为不就是写文章么，岂不得才思飚发、"文采飞扬"？不期然被老师批了个大花脸。从那以后知道不同文体对于语言有着完全不同的要求。在科学文体中，重要的是精密、准确，文采是第二位，甚至没位置的。弄不好还令人反感。一些能文之士每逢思维够不着的地方，就喜欢花里胡哨地涂抹一气。近年看一些研究生的习作，常发现一些文科硕士、博士连最简单的、最基本的句子都不会写。真是令人无法可想。当今之世，要紧的已不再是文言或白话的问题，而是"语文是各科之母"的问题了。

原载《东方早报·上海书评》2009 年 7 月 5 日

思维过程与表述过程

——《石钟山记》的文章学

　　《水经》云："彭蠡之口有石钟山焉。"郦元以为下临深潭，微风鼓浪，水石相搏，声如洪钟。是说也，人常疑之。今以钟磬置水中，虽大风浪不能鸣也，而况石乎！至唐李渤始访其遗踪，得双石于潭上，扣而聆之，南声函胡，北音清越，桴止响腾，余韵徐歇。自以为得之矣。然是说也，余尤疑之。石之铿然有声者，所在皆是也，而此独以钟名，何哉！

　　元丰七年六月丁丑，余自齐安舟行适临汝，而长子迈将赴饶之德兴尉，送之至湖口，因得观所谓石钟者。寺僧使小童持斧，于乱石间择其一二扣之，硿硿焉。余固笑而不信也。至莫夜月明，独与迈乘小舟至绝壁下。大石侧立千尺，如猛兽奇鬼，森然欲搏人；而山上栖鹘，闻人声亦惊起，磔磔云霄间；又有若老人咳且笑于山谷中者，或曰此鹳鹤也。余方心动欲还，而大声发于水上，噌吰如钟鼓不绝。舟人大恐。徐而察之，则山下皆石穴罅，不知其浅深，微波入焉，涵淡澎湃而为此也。舟回至两山间，将入港口，有大石当中流，可坐百人，空中而多窍，与风水相吞吐，有窾坎镗鞳之声，与向之噌吰者相应，如乐作焉。因笑谓迈曰："汝识之乎？噌吰者，周景王之无射也，窾坎镗鞳者，魏庄子之歌钟也。古之人不余欺也！"

事不目见耳闻，而臆断其有无，可乎？郦元之所见殆与余同，而言之不详；士大夫终不肯以小舟夜泊绝壁之下，故莫能知；而渔工水师虽知而不能言；此世所以不传也。而陋者乃以斧斤考击而求之，自以为得其实。余是以记之，盖叹郦元之简，而笑李渤之陋也。

——苏轼《石钟山记》

我们自己在写文章的时候，很多人都知道表述并不是思维过程的被动反映，就是说，写文章有一个组织、安排的问题；但是在分析、鉴赏别人文章的时候，不少人往往会忽略此点。例如，对苏轼《石钟山记》的理解便未免如此。

我看过不少讲解《石钟山记》的教案和文章，对于这

一古文名篇，以往的挖掘已相当细致。有的讨论石钟山
得名的真正因由，从事实层面检验《石钟山记》的得失；
有的阐发"事不目见耳闻，而臆断其有无，可乎？"借以
让学生领悟其中的人生哲理；还有的甚至分析到苏轼何
以要夜访，认为只有夜晚才有可能探明真相，等等，可
谓不一而足。然而从文章学角度对它进行分析的，目前
还很少见到，而由此可以发现其中有许多未发之覆。

首先需要弄清的是《石钟山记》的"文眼"何在。我
认为是"古之人不余欺也"一句。以苏轼在石钟山下夜访
的经历，本不构成科学意义上的"发现"，只不过验证了
《水经注》的记载而已；因此苏轼以"古之人不余欺也"
作为其记游的结语，应该说这也是该文通篇的文眼，即
苏轼写作该文的动因所在。

以并不构成发现的发现，要写作一篇有意义的文
章，首先需要交代写作缘起；因而该文开头并没有遵循
一般游记写作的套路，而是来了一个问题的提出。这部
分又分两个层次：先是交代《水经注》的说法，分析其中
的疑点所在；随后介绍一个疑窦更大的李渤的解释，为
后文的开展设置了悬念。

在此需要说明的是，苏轼在分两层进行铺陈的时候
采用了一个变化的笔法，先是"人常疑之"，接下来是
"余尤疑之"。有人认为前句的"人"是指别人，不含作
者；也有人认为是指包括作者在内的许多人。实际上，
它与后句的"余"不过是一种表述上的变化，仅仅是为了
避免用词的单调。因为随之而来的质问"今以钟磬置水

中"云云完全是作者本人的想法，丝毫看不出是他人的意见。而且，后句的"尤"与前句的"常"有一种递进的关系，如果主语不存在内存联系，递进的关系便很难成立。

接下来的正文部分从形式上是一篇典型的游记。由于有一个预设的悬念，这篇游记与其说是记游，不如说是向读者展示解开一个问题的经过。可以看出作者对于描写的内容是经过了一番严格筛选的。在这里看不到任何多余的景致，一切的见闻都紧紧围绕着声音这一主题。其中又分三个层次。第一层承接上文，对李渤的说法进行证伪。李渤曾"得双石于潭上"，可作者看到的是"于乱石间择其一二扣之"；李渤听到的是"南声函胡，北音清越，桴止响腾，余韵徐歇"，而作者听到的不过是极平常的"硿硿焉"。由此，作者以亲身经历表明了李渤的说法根本无法得到现场检验，益发可见上文"尤疑"之有道理。

在消解了上文的"尤疑"之后，作者针对上文"常疑"的部分进行了展开。这一内容又分两个层次，先是绝壁下的"噌吰如钟鼓不绝"，然后是两山间的"窾坎镗鞳之声"。这两种声音音质既有别，发声地点也不同，作者通过游记的路线将其逐渐展示出来，既避免了呆板、枯燥的论说方式，也使问题的揭开显得有纵深，有曲径通幽之妙。如果不逐一看到最后一句，是不可能明白"如乐作焉"是怎么回事的。这便是古人常说的"剥笋壳"的文章技巧。

内容展示完毕之后，文章还不能戛然而止。因为前面有一个很正式的头，其势不能不有一个相呼应的尾。要不然，如果读者读到"古之人不余欺也"后面便没有了，一定会觉得还有一口气没喘过来。"事不目见耳闻"以下，既是对主题的深化和发挥，也是出于结构上的需要。有了这一部分，整个文章便由虚而实、再由实而虚，呈现出一波三折之势。

历来读《石钟山记》的人，对"事不目见耳闻"一句都予以相当程度的重视，有些人甚至认为苏轼记游就是为了阐发这一人生哲理。我觉得这一理解是有问题的。如果说这是一句人生哲理，那么这一哲理实在太不高明。众所周知，耳闻目见得来的知识并不见得十分可靠，对于不具备观察能力的人，即便身在现场也无异于聋盲；而对于有足够判断能力的人，借助他人的耳闻目见自不难做出正确的评判。

而且，如果说"事不目见耳闻"一句是作者要阐述的人生哲理，那么它与上下文之间有什么联系？或者说，"臆断其有无"是何所见而云然？历来分析《石钟山记》的对此都没有提出应有的疑问。我认为，从上下文的照应来看，这句话只是起到了引发议论的提挈作用，"臆断其有无"其实是与文章开头的"人常疑之"遥相呼应的。作者在后文列举了四种情形："言之不详"，"莫能知"，"虽知而不能言"，"以斧斤考击而求之"，都是由此而发挥出来的。因而我认为，"可乎"一句不过是作者在疑而求真之后发出的慨叹，很难将其提升到人生哲理的高度。

明乎此，不难发现作者对于文章的组织是十分绵密的。开头、正文和结尾不仅虚实相生，而且前后的意念也一脉相承。文章劈头提出问题的同时已经为结尾埋下了伏笔。结尾列举的四种情形也如老吏断案，层层推进。最后一句"盖叹郦元之简，而笑李渤之陋也"，对其文章意义的定位也很平实。

这里面有一点需要讨论：苏轼何以要夜游石钟山？上文已提及有人认为那是由于只有夜晚才有可能探明真相，这恐怕有问题。苏轼在文章开头已交代对于石头能不能发声持怀疑态度，他怎么知道夜游一定可以听到石头的声音？因此我认为，苏轼夜游石钟山很可能是一个偶然事件。当时"莫夜月明"，乘小舟游览别有情趣，于是苏轼与苏迈游到了绝壁下，无意中听到石山与风水相吞吐的声音，如此而已。

苏轼称当时夜游是"独与迈乘小舟"，实际上他们并不"独"，至少还有一位渔工水师。"或曰此鹳鹤也"表明当时旁边有人，此人显然不是苏迈，而是对当地情形非常熟悉的人；结尾又有句称"渔工水师虽知而不能言"，可知夜游时的"或曰"必是渔工水师之辈。由此我推断，如果说苏轼事先得知夜游能听到石山发出的声音，肯定是受到了渔工水师的提示。如此，夜游的作用便不过是去验证一下而已。以情理度之，这种情形比无意中发现真相的可能性更大，否则结尾也不必出现"渔工水师虽知而不能言"一语。

由此便可以看到，苏轼探索石钟山得名缘由的过程与他在《石钟山记》中表述的过程是并不一致的。他在表述成文的时候对思路做了一番精心的梳理。这很正常，绝大多数文章都不可能被动地忠实于思维过程。要是对这一点不能参透，那就很难体会作者的用心，也无法真正领略文章的妙处。

不过苏轼在文中有一句英雄欺人之语："士大夫终不肯以小舟夜泊绝壁之下，故莫能知。"这恐怕不见得。诚然，在苏轼之前没有人著文阐明此点，但不能据此就认定没有人知道。说有易，说无难，不能排除有些人知道却不愿著文的可能。这并不是一般人发现不了的问题，况且要发现这一点也不一定要"夜泊绝壁之下"，问一问当地的渔工水师一样可以了解其真相。

此外还须讨论另一个问题。石钟山的得名有因声说和因形说两种说法，苏轼及其以前的《水经注》、李渤无疑都是主因声说的，由于明清时期因形说甚盛，有些人觉得苏轼对于李渤的嘲笑有类于五十步笑百步，因为苏轼并没有发现石钟山外形似钟。善意的则以当时为旺水季节为其排解。

我认为这种分析恐怕未必。苏轼确实没有在文中描述石钟山外形似钟，但并不见得他对此点毫无感觉。当时尽管是旺水季节，但并没有妨碍他对石钟山形状的总体把握。"山下皆石穴罅"，"空中而多窍"，明清时主因形说的所见也不过如此。况且，上文已分析苏轼与"虽知而不能言"的渔工水师是有过交流的，岂有渔工水

师只知石钟山下声如洪钟而不知其山体形状有如覆钟
之理？

关键在于：知道石钟山的山体形状是一回事，是否
将这种形状与"钟"联系起来又是一回事。主因形说的人
觉得这种形状像钟，没有理由要求别人也认为它像钟。
我们在观赏喀斯特地貌时对于前人所说的某种形象往往
感觉并不贴切，其故在是。

还有更重要的：苏轼写作《石钟山记》主旨在于澄清
石钟山下的声音来源，而不是讨论石钟山的得名所自。
《水经注》中只讲到"水石相搏"，而没有说清声音是由
石穴与风水相吞吐而发出来的；李渤不明"声如洪钟"是
天然的声音，竟至"以斧斤考击而求之"。苏轼弄清了石
钟山下声如洪钟的发声原理，较之《水经注》的记载有所
进步，与李渤的解释更是有本质的不同。石钟山的得名
虽然与此问题有关，但终究是一个另外的问题。苏轼大
可不必因为没有讨论更多的问题而遭受指责，否则文章
也就不成其为文章，而成为麻纱一团了。

顺便需要说明，苏轼引《水经注》直接称"郦元"，
这是承袭李渤而来，但其实并不合适。虽然郦道元是
《水经注》的作者，但该书并不是郦氏的创作，他主要是
依据当时现有的材料编纂而成的。特别是南方地区，郦
道元根本就没有到过，让他为这些地区的内容负责，很
不公正。

原载《文史知识》2003 年第 5 期

学问中的证与悟

——陈寅恪、唐长孺两先生对《桃花源记》的解读

今年是唐长孺先生驾鹤西游的第十年。近日从网上读到胡宝国先生题为《走近唐长孺》的帖子，作者以一个魏晋南北朝史专家的身份，对唐先生的学术成就和治学风格做了十分亲切、精微的解说，读来令人兴味盎然。这实在是极好的学术史材料，可惜以往林林总总的学术史大多不能给我们类似的享受。

胡先生在帖子中也讲到陈寅恪先生，说："唐先生最可贵的是，他虽然深受陈先生影响，也非常尊敬陈先生，但他并没有对自己所崇拜的对象采取迷信的态度。相反，在《读"桃花源记旁证"质疑》一文中，唐先生对陈先生的观点提出了有力的反驳，令人不能不信服。他在研究领域的广泛与眼光的敏锐、小中见大诸方面都像陈寅恪，但他得结论时要比陈先生更稳一些。"然后胡先生进一步发挥道："他总是把话说得极有分寸，让人难以反驳，所以和唐先生商榷的文章极难见到。……唐先

生文字朴素，从不虚张声势。读他的文章很舒服，仿佛冬日的夜晚，一个老人坐在火炉旁，手捧一杯热茶，正从容不迫地向你讲述着一些古老的故事，讲述着他的道理。"

我得承认，这段文字让我非常之感动，并由此生发出许多联想。胡宝国先生的确是解人，能够把那么复杂的感受转换成这么一幅鲜活的图景。现如今，能这样读书的怕已经不多了。只是凭我对陈寅恪和唐长孺两位先生的尊敬，我总觉得他们俩之间的学术对话恐怕不是一个简单的有明确结论的谁对谁错的问题。两位先生关于《桃花源记》的文章我都读过，私下里也经常将他们的这两篇文章相互比较。我感觉，这两篇文章讨论的似乎并不完全是同一个思维层面的问题，与其说是证明与反驳，还不如说悟与证两种思维取向的不同更合适一些。在这里我试将个人的浅见表露一番，希望能得到学界同好的指正。

陈寅恪先生的《桃花源记旁证》一文发表于 1936 年，早于唐长孺先生《读"桃花源记旁证"质疑》20 年。但两位先生写文章时的年纪很接近，都在 45 岁左右。陈先生认为"陶渊明《桃花源记》寓意之文，亦纪实之文也"，因而他"就纪实立说"，得出的结论主要有四点：

甲、真实之桃花源在北方之弘农，或上洛，而不在南方之武陵。

乙、真实之桃花源居人所避之秦乃苻秦，

而非嬴秦。

丙、桃花源记纪实之部分乃依据义熙十三年春夏间刘裕率师入关时戴延之等所闻见之材料而作成。

丁、桃花源记寓意之部分乃牵连混合刘驎之入衡山采药故事，并点缀以"不知有汉，无论魏晋"等语所作成。

唐先生在其《读"桃花源记旁证"质疑》一文的开头引述了上列前三点，稍作分析后认为：

桃花源的故事本是南方一种传说，这种传说晋、宋之间流行于荆湘。

他且述且论，依次列举刘敬叔《异苑》卷1所载元嘉初武陵蛮人射鹿因而入石穴见异境，《云笈七签》卷120引《神仙感遇传》所载蜀民射鹿入小成都，庾仲冲《雍荆记》所载武陵西阳县蛮人元嘉中射鹿入石穴见异境，以及《太平寰宇记》卷73彭州九陇县白鹿山条引《周地图记》四条资料。然后他总结道：

我们可以设想，这个故事先在荆、湘一带传播，陶渊明所闻为渔人捕鱼，发现异境，而稍后的刘敬叔所闻则是为射鹿的蛮人所发见。以后故事又流入蜀地，这个异境也就移到了彭州九陇县，也可能九陇县本有相似传说，说那里有一个隐藏着的小成都，后来和荆、湘传来

的射鹿入石穴故事相结合，才构成《周地图记》
所载的故事内容。

表面上看，唐先生的结论显得比陈先生的结论更厚
实一些，但细想之后不然。问题并不像初看起来那样简
单。两位先生展开问题的线路完全不一致。陈先生用的
有点像演绎法，唐先生在质疑之前对其进行分析道：

> （陈先生）文中从避难入山推到坞保组织，又从坞
> 保推到"檀山坞"和"皇天源"。又以"皇天源"所在地的
> 阌乡即古之桃林而推到桃花源。

唐先生这个"推"字用得很妙。就是说，陈先生是先
觉察到西晋末年以后北方的坞保与桃花源式的世界在聚
落形态上非常类似，他意识到这中间可能存在着某种联
系。然后又发现陶渊明"与征西将佐本有雅故"，这中间
确实有一个信息通道，于是他"疑其间接或直接得知戴
延之等从刘裕入关途中之所闻见"，因而推定"桃花源记
之作即取材于此也"。

这样的一个思维方式，如果借用佛家的语言，那便
是不折不扣的禅悟。要想对其进行反驳，肯綮有两点：
要么证明坞保与桃花源并不类似，要么证明这种类似只
是巧合，其间并无必然联系。

唐先生当然是了得的，他的文章果然就从这两点下
手。文章前半求证桃花源是南方本土的传说故事，已如

上述，后半则对"避乱"的"乱"字进行分析，力证"如《桃花源记》所述的那种没有剥削的生活，那种'虽有父子无君臣'的秩序是和那时常见的避兵集团的坞壁生活很不相同的"。他论证的方向十分对头，但效果似乎并不理想。

效果不理想我觉得可归结于两方面的原因，一是问题本身的难度，一是唐先生所采取的论证方式。兹先说前者。

一般情况下我们写立论文章总是比写驳论文章费劲，因为立论需要考虑正、反、侧各方面的情况，前人谓之八面受敌；而驳论则只需要朝一个方向挺进，有时候甚至可以攻其一点而不及其余。然而在这场学术对话中，陈、唐两先生的处境恰好倒了过来，陈先生是立论的，可是他并不需要攻城略地。他手持利器，高呼疾走，一路上所向披靡。相反唐先生倒像是在打阵地战，他需要建立一条防线，将敌军的兵马限制在防线外。遗憾的是这条防线有点过长，要构筑已然不易，事实上还不等设防的将士合围，敌军早已从空隙处呼啸而过了。

陈先生立论的旨趣，在于发现有这样一种可能：《桃花源记》的写作受到了坞壁生活的启示。应该说他在悟到这一点之后证明得很漂亮，干净利落。唐先生跟陈先生进行商榷，前一半是通过建立另一种可能性来否定陈先生说的那种可能性，后一半则是通过分析坞壁生活与桃花源生活的差异来直接否定有那样一种可能性。唐先生直接否定那种可能性的理由，主要是基于那个年代中特定的意识形态话语，应该说那种话语的可信度是很差的，——就连唐先生自己也不得不在文章中交代："我们可以承认豪强统率下的集团既然是以宗族、乡里组成，所以也可能带有一定程度的公社色彩。"既如此，陈先生所说的那种可能性在唐先生的论域中就已经有了一方足够的生存空间，唐先生的论证不过是提出了更多的一种可能性而已。

至于文章前半建立另一种可能性的努力，应该说离成功也还有一定的距离。唐先生用以立说的资料上文已述，他用的方法是民间文学研究中习用的套路，问题在于论证过程中还有缺环。其中最麻烦的是，这些资料都比《桃花源记》晚出。尽管唐先生最先征引的《异苑》的作者刘敬叔只比陶渊明同时而略晚，唐先生说：

> 他当然能够看到陶渊明的作品，然而这一段却不象是"桃花源记"的复写或改写，倒象更原始的传说。我们认为陶、刘二人各据所闻故事而写述，其中心内容相同，而传闻异辞，也可以有出入。

应该说，这一段分析是合乎情理的。但它缺一个逻辑前提。如果我们先相信了《桃花源记》的故事原型来自南方民间，那么这段文字可谓见解透辟；否则，它不过是情理而不是事实。因为由文人创作的故事流入民间，或被后人改编成"象更原始的传说"的情形没有人敢说绝对不存在。笔者 10 余年前在佛藏中看到一个桃花源型的故事，后来陆续发现类似的故事成一个系列，异境均名为竹林寺，进入者均为僧人；开始还以为该故事原型源于天竺，后来经过反复查证思考，觉得后代的本土僧人参照《桃花源记》而创作出这些故事的可能性更大(参见拙文：《竹林寺与桃花源——一种本土佛教传说的形成与演变》)。

被唐先生重点分析的另一条资料是庾仲冲的《雍荆记》。唐先生认为"所谓庾仲冲《雍荆记》当是庾仲雍《荆州记》、《湘州记》之误"，而"所记蛮人入石穴事大致本之《异苑》"。应该说，这后一点是不成问题的，但前一点很难说，只能说它成立的可能性很大而已。至于出自《周地图记》《神仙感遇传》的另两条资料，时效上既不具有更强的说服力，文本中的空间也脱离了《异苑》所说的武陵一带，唐先生认为这些资料表明"这个故事先在荆、湘一带传播"，之后"又流入蜀地"，其理由也不过是他个人的"设想"。

凭这样的资料和设想，要想将陈先生发现的可能性予以否决，平心而论是一件非常困难的事。况且唐先生的论证方式，笔者觉得也不无问题。

上文说到陈寅恪先生作《桃花源记旁证》的思维方式主要是悟，既如此，他在表述过程中笔端便显得异常跳宕。文中逞才使气、领异标新的地方屡见不鲜。如开头所谓《桃花源记》"其为纪实之文，则昔贤及近人虽颇有论者，而所言多误，故别拟新解，以成此篇"。到后文甚至写道：

桃花源虽本在北方之弘农或上洛，但以牵连刘驎之入衡山采药事之故，不得不移之于南方之武陵。遂使后世之论桃花源者皆纷纷堕入迷误之途，历千载而不之觉，亦太可怜矣！

对于这种话，相信一般人都不会去较真，将它看作陈先生"游于艺"的心情也就罢了。赖有这样的文字，我们可以感受陈先生是一个有血有肉有性情、见解锐利以至于有时候喜欢剑走偏锋的前辈高人，而不是如某些末流所吹捧出来的神。这样的陈先生可亲可爱，这样的作品与其说是学术文章，不如说更是艺术品。陈先生自己也坦诚：

穿凿附会之讥固知难免，然于考史论文之业不无一助，或较古今论辨此记之诸家专向桃源地志中讨生活者聊胜一筹乎？

就是说，陈先生是在借古人的酒杯，浇自己的块垒。他用智慧的丝线将一些散乱的看似不相干的历史事实连贯起来。对这样的文章，最好是以见猎心喜的态度去欣赏，看得高兴，喝彩，不高兴，放下。不能跟它去抬杠，一抬，就不免"执"了。——别说他思路上各点之间的联系已足够坚固，就算能证明《桃花源记》并不是像他所认为的那样写出来的又如何？他能够那样想，能够将有关的史料钩稽得那样有整体感，已足以令人啧啧称奇了。他立于不败之地。他的思维本身就有一种摄人心魄的魅力。有谁会谢绝上苍为这烦闷的学术研究送来的愉悦呢?

偏偏唐先生摆出一个稳扎稳打的阵势。他从《桃花源记》本身开始讲起:

> 作者说故事发生在武陵,假使作者不是完全出于虚构,我们没有理由把它移到北方,假使完全出于虚构,那么东西南北任何一地都可由作者自由指定,没有必要加以考证。

这样的场景,我们看热闹的自然是见了高兴。但设身处地地为唐先生着想,不能不认为他给自己找了一个极为累人的活计。他通篇的考证显得很迟重,看起来吃力,写起来自然更不会轻松。在此不妨举一个例子。上文提及他认定"所谓庾仲冲《雍荆记》当是庾仲雍《荆州记》、《湘州记》之误",具体的论证过程是这样的:

> 《隋书·经籍志》有庾仲雍《湘州记》二卷,《汉水记》五卷。《旧唐书·经籍志》有仲雍的《江记》五卷,《汉水记》五卷,《寻江源记》五卷,又一卷。这一卷的《寻江源记》,亦见《隋志》,但不著撰人名。《新书·艺文志》同《旧志》而无一卷之《寻江源记》。《新志》有《湘州记》四卷,《湘州图副记》,《旧志》则仅有《湘州图记》一卷,都没有说庾仲雍撰。姚振宗《隋

书经籍志考证》引宋晁载之《续谈助钞》殷芸《小说》引庾穆之《湘中记》，姚氏以为"似庾穆之即仲雍也"。按雍、穆名字相应，姚氏的推测可信，章宗源《隋书经籍志考证》称《艺文类聚》同部所引正作庾仲雍《湘中记》，似庾氏所撰《湘州记》和《湘中记》本是一书之异称。仲雍又有《荆州记》，见于《文选》注，《艺文类聚》所引。庾仲雍是一个专精荆、湘地理的专家，他的事迹一无可考，亦不知何时人，但殷芸、郦道元都引他的著作，当是梁以前人。

说了这么多，从中我们找不出任何足以证明"庾仲冲"为"庾仲雍"之讹、《雍荆记》当为《荆州记》或《湘州记》之误的依据。读这样的文章，确实需要像胡宝国先生所说的那样在冬日的夜晚坐在火炉旁，手捧一杯热茶，从容不迫地去悠然心会。我们是崇敬唐先生的，所以相信他，但真要抬起死杠来：难道《隋志》、两《唐志》不载就不存在庾仲冲《雍荆记》其人其书？恐怕那样唐先生能给予我们的也只有当头棒喝了。

而尤其不可思议的是，关于桃花源的发现者，陈先生只用"或更疑搜神后记中渔人黄道真其姓名之意义与宋武所遣泝洛之虞道元颇相对应"一句便轻轻化开，唐先生则就此穷追猛打，力图证成这样一个论点：

武陵本是蛮族所居之地，这段故事发生在

武陵，发现异境者是蛮人或具有蛮族氏姓的渔人，很可能本来是蛮族的传说。

笔者觉得这样的设想稍嫌过头。因为就凭武陵这样一个地名、主人公为蛮人这样一个身份是不可能证明该故事本来为蛮族传说的，这里面的距离实在太远。

况且在纠缠蛮族史料的过程中，唐先生还犯了一个明显的地理错误。他在前面引述庾仲冲《雍荆记》的时候，用括注的方式将原文"武陵西阳县"中的"西"改为"酉"。这是对的，至少从对他有利的角度讲是对的，因为当时武陵郡没有西阳县而只有酉阳县。但到后来讨论蛮族问题的时候，他从"武陵蛮"讲着讲着，突然又征引《宋书·州郡志》郢州西阳太守所属建宁左县、蕲水左县的资料，说《魏书》卷61《田益宗传》记载的萧衍建宁太守黄天赐及其将黄公赏"都应该是西阳蛮"。这真是令人不可思议。西阳地在今鄂东北，与武陵风马牛不相及。唐先生若认为"武陵西阳县"中"西"当为"酉"，那么就不当引用西阳蛮的资料；若想引用西阳蛮的资料，那么"西"就不当为"酉"，而应是原文中"武陵"二字有误。唐先生随行文的需要将同一条史料在两个地方做出了彼此不能兼容的理解，这对他的论证是很不利的。

推原唐先生致误之由，大概是将"五溪蛮"与"五水蛮"搞混了。自后汉著名的武陵蛮屯聚五溪，有"五溪蛮"之称，其地在今湘西。南北朝时，活跃于今鄂东北一带的西阳蛮则以其地有巴水、蕲水、希水、赤亭水、西归水而有"五水蛮"之号(见《宋书·夷蛮传·豫州蛮》)。凑巧的是武陵、西阳两郡在南朝都属郢州，一不小心是很容易弄错的。

这一错误在唐先生的论证中并不十分关键，笔者只是想说明有这么一回事而已。如果将这部分内容从唐先生的文章中连根拔掉，丝毫无损于文章的整体，——笔者觉得那样甚至更空灵、更轻盈一些。

以上这样分析，也许有人要误会笔者认为唐先生的文章做得没有价值，不，一点也不。恰恰相反，唐先生用一种与陈先生截然异趣的思维方式为我们展现了学术研究的丰富多彩。陈先生的见解固然尖新，毕竟只是一种可能性而已。唐先生将陈先生视野之外的资料加以梳理，也得出了一种富有足够想象力和穿透力的新解，尽管这一新解还有继续延伸的余地，但唐先生的成绩已足以令我们回味无穷，为这一回味我们须向他表示永远的感激。

还记得1988年秋冬，笔者曾有幸随硕士时的导师在唐先生的书房中拜谒过唐先生。那是一个温暖的午后，业师和唐先生娓娓而谈蓝田国立师范学院的往事。当时笔者尚在学术的大门外徘徊，对于他们之间的谈话不甚了了。只记得那场景非常感人，唐先生闭目躺在金黄的斜阳中，脸上洋溢着耀眼的光辉。

原载《中国政法大学人文论坛》第 1 辑
中国社会科学出版社 2004 年版

大老表的现场感

　　大老表用普通话说就是大表哥。他是我大姑妈的儿子，比先父小一岁。几年前曾有机会相对晤言，我职业病发作，要求他讲讲他小时候的经历。他语言很简约，不肯多讲，但还是讲了一些让我很吃惊的东西，其中最让我意外的是：他居然挑过盐。

　　在我们老家，挑盐那是一件不得了的事。天下的苦情要说最苦最苦，大概莫过于去广东乐昌挑盐了。谁要是做事有一点点偷懒，大人们便一声呵斥："难道是去乐昌挑盐吗?"好了，问题解决。而要是形容一个地方远，也是乐昌。小时候常听到有人形容别人不在眼前，说是"走乐昌去了"。"乐"在这个地名中发平声，老家方言里只有这一个用例，听起来非常奇特。当时我总疑心它与一种动物"骆驼"是否有某种联系，因为"骆"字用当地话读出来与它完全同音。

　　挑盐也就形成一些特定的俗语和传说。有一句俗语说："三分钱一斤的盐在南海。"意思是在此地就不是这个价，要便宜请到便宜的地方去。这句话对于一切经济活动都有效。而传说则有点邪乎。说是有个人每次去乐昌挑盐回来，经过一个山垭口时总要歇口气，坐下来无事，便数山下的田玩，数来数去十三丘。有一次怎么数都只有十二丘，觉得很奇怪，临走时狐疑着把放在地上的草帽一掀，发现草帽下还盖着一丘。——这个故事用以形容南方丘陵山区水田面积之小。

如果说要找一种物资对我们那里整个社会生活最具影响，我想大概就是盐了吧？因为谷是田里种的，菜是土里长的，柴是山上砍的，布是自家里织的，算来算去，本地不产而日常生活又不可一日或缺的，也就是盐了。曾听有人说，湖南人吃辣椒是对缺盐的一种补充，可我打小的生活经验是：就算吃辣椒也得放盐，而且，越辣的辣椒越需要放盐。不放盐的辣椒不只是辣口、辣身（肠胃），更难受的是辣圈心（心脏），吃一口整个心脏都在抽搐。所以，传统湘菜口味偏重，我感觉正是要靠它煞一煞辣椒中的辣气。

到我记事的时候，我们那里吃盐不需要靠人力到广东去挑了。据说从解放的时候就已经如此。在这以前，去乐昌挑盐是当地壮劳力的一条财路。几年前我帮一个长辈亲戚整理回忆录，他写到他父亲平时靠租种佃田、卖柴度日，农闲时上广东乐昌挑盐卖，一次往返13天，能赚上一块银圆就心满意足了。我那个长辈出生于20世纪20年代，算来他父亲挑盐正是那前后十数年的事。由于盐如此地来之不易，以致老辈中有些人深信它能补血。我那长辈的母亲便如此。她年纪大了以后，身体十分衰弱，因此每餐在菜里大量放盐之外，还要在饭里和粥里加盐，一到冬天，全身便发紫，十分难熬，终于在70年代走了。

大老表去挑盐时只有17岁。算来那是抗战刚胜利不久。他家与上述那个长辈家相隔十几里地，他说他来去要半个月，一个月挑两担。考虑到两担之间总要歇一歇，稍事整理，真正在路上的时间"一面水"（单程）也就是六七天。他说他是跟着村里的人去的。村里有个很大的班子，几十个人，年纪都差不多，只少数几个人比较大一点。一年四季，除了莳田杀禾，得空了就去。

一路上的生活，当然是一切靠自己。出门时，可以从家里带点饭。用一种蒲草包，装两大碗，顶一天。第二天以后，家里带的饭是不行了，于是要带米，每天住下来就动手煮饭。那时候住旅馆叫"落伙铺"，所谓"伙"当然就是煮饭的意思。煮的还真是"饭"，菜是没得讲究的。从家里带一些豆腐乳，家境好的带一些干鱼仔之类，也就可以下饭了。最苦的我听说有一个前辈每次去乐昌只带两块豆腐乳，火柴盒那样大，去一块，回一块。后来那前辈去世时村里的老人们谈起这些往事，说他在世上吃了苦，害得我还跟旁边听的人一起抹过眼泪。

由于路途太远，一担盐实在挑不了多重。大老表一担刨去行李，盐只能挑几十斤。回来后再挑到茶陵县的界首、本县上半县的中心集镇安平司去卖。赚头很小。那时的秤一斤十六两，也就卖百把铜钱。一担下来，到手的算银圆不过半块多一点。上述那个长辈说他父亲挑一担差不多可以赚一块，那显然是身强力壮的。

我觉得不理解：既然赚头这么小，为什么还要去吃那个苦。大老表说，没办法，没有本钱。有本钱的，像我另一个亲戚的祖父，他就挑布卖。布不打秤，含金量又高，但是要本钱。俗话说本大利大。对于没有本钱的劳力来说，只好吃力气饭。大老表说，那个时候逢是劳力就做这些（挑盐）。

大老表挑盐只挑了两年左右。问他为什么后来没挑了，他已经说不上来。想来是已经接近解放，兵荒马乱了。再后来就是已经解放，用不着去挑了。

应该说，这段故事本身有点干瘪，但是，它对我的刺激之深，让我自己都颇感意外。我想，什么时候有机会，真该沿着那条路去跑一跑才好。尽管已经时移世易，那上坎下跌的山间道路已经被岁月磨平裁直了，但有些东西比如地理区位、比如青山红壤，总归是依稀仿佛的。环境本身无疑比任何语言都更有力量。

之所以产生这样的冲动，有两点因由。其一是，这个故事出自大老表之口，让我陡然意识到挑盐这件事跟自己原来存在着那样异乎寻常的联系。以前也多次听说过，但那都是听别人说，说别人，从没想过那条古老的南北大路上曾辛苦地奔走着我的亲人，那就是我家亲戚昔日生活的组成部分。其二则出自专业方面。十几年前，我研究湖南的历史文化地理，在讨论自然区域对于文化区域的影响时，曾以南岭山脉为例，述及其山体并不高峻，存在着多处过岭通道，从而不能隔断文化传播。当时只是理直气壮地征引《太平寰宇记》、清人杨恩寿《坦园日记》、民国《郴县志》等书中的资料，后者谓："地当粤东孔道，槟榔、烟、酒，间染其习。"

写下那些文字时，我最南只到过郴州市区。后来我研究唐人心目中的文化区域，曾注意到唐人十分重视南岭的地理分界意义，将其视为横绝南北，甚至阻断华夷的一道天然屏障。很多人往岭南去，总担着一份"生涯应在有无间"（张均句）的惴惴；而一旦得以北归，又不免流露出"生入帝皇州"（张说句）的狂喜。读这些资料时，我已经有过在岭南的地理经验，但仍未能从地面上观察岭南的景观差异。

这个秋天还像秋天的时候，我因便到过一次湘赣交界西侧的炎陵县。这个地方原名酃县，说起来让我很亲切。它处在罗霄山脉中段，西边与我老家安仁县为邻。自宋代开设为县以后，两个县便同隶于衡州；直到新中国成立后才分开，安仁改隶于郴州，酃县与其母县茶陵先是隶属于湘潭地区，如今属株洲市。700余年共处一州府，安仁与酃县的经济文化交流自然密切。据先母说，先父年轻时曾做过一阵小买卖，跑的便是酃县那边。酃县是山区，正好在我们那里去江西的路上。我们那里的氏族大多来自江西，现在方言还说江西话，民国以前各氏族经常要回江西祭祖，酃县可以说是必经之地。

但是惭愧得很，这竟然是我第一次正式去炎陵。10

多年前曾从那里路过，未作停留。这一次在那里住了一晚，感觉很奇妙。招待所里端上桌的都是湘赣间一些正宗的农家菜，跟我小时候天天享用过的一模一样。其中最让我惊讶的是居然有一钵捣辣椒，就是用一种特制的陶钵(俗称"焦钵")将熟辣椒捣成糊状，原来我以为天底下只在我老家安仁才有的。而且味道也跟我家乡的差不多，有点辣，又有点咸，很下饭。

于是我想起了中山大学的黄国信教授。他是炎陵人，去年年底出版了专著《区与界：清代湘粤赣界邻地区食盐专卖研究》(生活·读书·新知三联书店 2006 年版，以下简称《区与界》)，送了我一本，还一直没认真读。回来后，赶紧找了出来，想从中求证一下那种盐的感觉。不得了，这一来才发现，将这本书闲置这半年多时间对我来说多么可笑：一边攥着大老表的故事念念不能释怀，一边却将这么要紧的一本研究专著束之高阁。还好在并不太晚的时机去了一趟炎陵。

《区与界》是《历史·田野丛书》中的一种。书前有陈春声教授的总序《走向历史现场》，揭橥了这套丛书的学术旨趣。和他惯常的文字一样，陈先生的总序写得曲折而深沉，大气磅礴，完全可以看作历史人类学的又一篇宣言。其中最让我心动的是这么一句："在追寻区域社会历史的内在脉络时，要特别强调'地点感'和'时间序列'的重要性。"这两点，与历史地理学的学术追求可谓殊途同归。地点感，不言而喻来自地理，而时间序列，岂不正是朴素的历史？

当然，细盘下来，这中间还是有很多不同的；但是从《区与界》中，我确实感受到了很多让我一见如故的东西。最让我羡慕的是作者对于那块地方的现场感。还在导言中，作者便左图右史，对清代的湘粤赣界邻地区做了一番描述。重点是过岭的交通线路，以及这些线路在明清时期的具体作用。如果是一项历史地理学研究，这些内容完全应该是正文中的浓墨重彩；然而在此书中，作者只是将其当作背景。这无疑表明了作者除了地理，还有更多的学术期待。

尽管只是将地理当作背景，但并不意味着作者对这些内容看得很轻易。恰恰相反，正是在这些地方，我能觉察到作者的工作十分吃重，令人油然而生敬意。作者不仅引证文献，多种来源的文献，——以地方文献为主，包括当时人的游记和当今地理学界的研究；此外，他还做过扎实的田野功夫。有一些认识是他从现场挖出来的，据此他能纠正不在现场的地理学家的一些似是而非的判断。

试看《区与界》第20页的一个脚注："《中国历史地图集》第8册将泷水标注在乳源至曲江间的河段上，而笔者实地考察所得及当地地方文献均称乐昌至临武的水道为泷水。待考。"所谓"待考"当然是谨慎，我没有去过当地，不敢臆断其是非，但《中国历史地图集》并非金科玉律是不言自明的。谭其骧先生生前多次警告我不能将《中国历史地图集》当作定论。这还只是存疑。而就在这之后，作者又弥补了岭南史地名家曾昭璇先生的疏误。

曾先生在《岭南史地与民俗》(广东人民出版社 1994 年版)一书中认为,明清时期自郴州南下广东的路线与秦汉一致,由郴州到桂阳、临武,再入连州而入粤境。作者用他的工作证明,其实在清代骑田岭路与凤头岭路已经分开。

这样的工作,并不只是导言里才有。随后在正文的展开中,作者将现场感紧贴笔端,一到需要它说话的时候,便汹涌澎湃。表现最突出的我认为是上篇第六章的康熙后期水陆运之争了。所谓水陆运之争实际上是郴州、桂阳州的运道之争。作者按照事件发生的历史层位,将其分解为若干步骤,每一步骤先征引有关的历史文献,然后对其进行评述讨论。我注意到,在叙述事件的缘起即康熙四十六年广东盐法的变革时,作者的现场感还在紧挨着;到事件的第一阶段,即桂阳州想因此而提出将当地盐埠由连州星子埠改为临武牛头汾埠时,作者在摘引地方官的"详"文和地方志的记载后,便发挥出了现场感。

他先是告知读者牛头汾已改称汾市乡,然后出示在临武访问一个当地老人的记录,讲述 40 年代以前当地的商贸环境及通商情状。到了事件的高潮,即盐商、郴州各属和乐昌的地方官起而与桂阳州力争,作者在讲述中其现场感简直令人如在目前。他转述完乐昌县(今为乐昌市)派员详查过的湖南南部几条运盐线路的里程事实,案道:"据笔者的实地考察,其数据大体无误。"而在此前第四章讲述袁继善查盐时,他根据实地的调查所得,早已画出了一幅《郴桂运道图》，并结合所见和访问所得，展现了星子在清末和民国年间的历史场景。由此前后互参，各方发言的意图和指向性也就不难体会了。

确实，现场感最直观的表现是对历史场景的复原、对空间特征的认知，而最高妙的还在于对场景中各种关系人的心态、立场、情感的把握和分析。这一方面，似乎更是作者的胜场。

作者很明显受了不轻的人类学的影响。他在引述各种资料时不像以往很多历史学者那样，将史料的作者仅仅当作一个个的花名，甚至完全忽略作者的存在，而是充分意识到那些花名都曾是活生生的人物。于是他十分注意各种史料作者的身份，说话时的处境、立场和心情。同样在分析康熙后期郴、桂运道之争时，他甚至会写出这样的句子："如果坚决地否定桂阳州的意见，似乎又拿不下面子；不否定其意见，又担心私盐问题一旦成真，自己又无法面对坚定地反对桂阳州由乐昌运盐的属下各知县。在这样一种两难选择中，……"将当事人的情境展现得很微妙。既然如此，他在第二章讨论衡阳周学思叩阍事件时高度关注周氏的身份，第四章花整整一章的篇幅讨论湖南地方文献中袁继善的英雄形象，第九章又用整章的篇幅分析道光年间卢坤作为湖广总督时"在淮言淮"，后来作为两广总督又"在粤言粤"的转变，诸如此类，也就都是顺理成章的事。

对这些我不愿多谈。因为无大必要。我觉得道理非常简单，难的是运用之妙。就好比当初有人向沈从文请教怎样写小说，沈老先生只说了三个字："贴着写。"我常跟朋友们讨论：历史人类学高唱入云已经十几年了，在这期间，至少是做明清以下的新锐已差不多"滔滔者天下皆是也"了；我本人不才，不敢说预流，但自我感觉从中受惠了不少；如果现在有人问历史人类学到底给历史学带来了什么，那么该如何作答是好？

回答显然是多向度的。有些人注意到工作方法，归纳了"进村找庙"一套口诀；有些人注意到思维工具，如"国家—地方"之类。我本人一直缺乏修炼机会，领悟尚浅，到目前为止，觉得较重要的是理念方面。将人类学的理念引入历史学，把研究的思维弄柔软了。有了人类学的帮助，读史料、看问题时的观念就不会像以前那样硬。就会设身处地、将心比心。就会要现场感。同时也会拓宽史料的来源，扩大看问题的视野。

正是从这一点出发，读完《区与界》后，我感到意犹未尽，因此产生了一些新的期待。这本书的思维很人类学，现场感很充足，但归根结底还是一项很历史学的研究。作者的思虑似乎还是紧贴着国家、地方、区域这些宏大的问题，在现场活动的人群也多是地方官员和地方精英。这样的研究当然是必不可少且很引人入胜的。只是，什么时候可不可以来一个续篇，仍然在这个场景，而主角换成我大老表那样曾经的挑夫，以及食用那些私盐的民家。展现他们在这个界邻地区、在那个食盐专卖制度下的生活，以及由此而产生的文化。例如，我听大老表讲，他们挑回来的盐是掺了很多沙土的，《区与界》

的研究中也多处表明，粤商往盐里掺沙土以增加重量的做法可谓由来有自，那么这些盐到了老百姓家里又是如何日用的呢？我想，那样的工作可能会更加人类学一点，但很显然是包含着很多历史学工作的。

还有，作者在讲这个"区"与"界"故事的过程中，有意识地对"区"与"界"的地理形态进行了一些理论思考。这些思考，有很多非常精辟，如结论中的几个论断："区域的概念并非单一维度的，而是长时期的历史因素积淀下来的各种地方性观念"；"区域根据时空、人群、场合的差异而产生动态的变化"；"区域在这里真正流动起来"。作为一个曾经的地理系学生，看到这些我非常兴奋，深受启发。然而与此同时，我也觉得有些认知似乎还需要进一步思考。例如，作者在分析郴、桂运道之争所见的区域观念时，曾写道："当今学者们讨论的区域同质性问题显然还应引入更多指标来分析，而更为重要的是，哪怕我们考虑到了相当多的指标，一定还有其他指标没有被列入，这就意味着，作为分析性概念，区域很难以同质性来界定。"

毫无疑问，作者对于区域指标的考虑是深刻的。但是我对他最后的推论还有点迟疑。照我的理解，值得探索的永远是指标。就是说，我会思考某个区域究竟有什么样的"同质性"，而不会怀疑它是否基于同质。

邻家秋深

我丝毫不掩饰对程千帆先生的崇敬之情。并世数十年，无缘一亲謦欬，由此我很感激程门诸弟子。

基本上我是通过程门诸贤的《书绅录》才得以亲近程先生的。看完之后，我欢喜赞叹，又懊恼不已。我小时候受到父兄们训诫，没有养成写日记的习惯。从念硕士起，我先后侍从过的导师何业恒先生、谭其骧先生，年辈都与程先生相若，因之而拜见过的硕学鸿儒不知凡几，可是我没有把他们的咳珠唾玉给记下来。真是天下没后悔药卖。

不过，话说回来，我虽然没有笔之于书，老师当年那些教诲还是念兹在兹，经常反思的。特别是从谭其骧先生问学以后，由于跟他的思想差距实在太大，他的每一次谈话都让我异常震惊，如闻天鼓。例如，1991 年 3 月间的一个早上，我去他家接他来学校开会，刚上车，他就说了一番让我听了很惊异的话。

他说：搞文化地理，首先要把各地的民族变迁弄清楚。这是研究中国文化地理的最重要的问题。云南在元代以前，贵州在明代以前，都还不是汉人占主体。这两个省的汉人占到主体，应该在明清以后；贵州应该在清代。全国的这个过程、这个发展次序必须搞清楚。湖南比云贵要早一点，不过也早不过宋代。

一般人大概难以想象那天我听到这番话时的感受。在此不妨插叙几句背景。我硕士论文做的是南北朝的佛教地理，答辩时好几位前辈鼓励说：这个题目值得继续做下去。我自知还只是开了个头，于是也想接着做。孰料在投考谭先生的博士生时，先生兜头给泼了一瓢冷水。他说：历史文化地理的论文有两种做法，一种是做断代的，像卢云那样，选一个时代，做全国；还有一种是跟那样相对称的，选一个区域，做通代。卢云学历史出身，做了汉晋文化地理；而我原来学地理的，先生希望我做一个区域。考虑到我是湖南人，他建议我做两湖，以湖南、湖北两省为范围。

这是我从来没听说过，更不可能自主想到的选题思路。我是既惊奇，又没把握，于是当即向他请教：佛教地理那个选题如何？他不假思索地回答：那个选题做当然也可以，但对于整个历史文化地理来说，并不是最重要的。他建议我还是先做一个综合性的，把两湖做出来；至于佛教地理的选题，且等将来再说。

在这里我也就不说听他一席话如何如何了，总之，这一席话让我后来的 10 年过得非常充实。只是就当时来说，我心理压力确实非常之大。一方面，同类工作毫无成例可循；而另一方面，谭先生还不准我一上来就开始准备毕业论文。他说，博士嘛，应该要博，最起码要花三分之一的时间用于看跟毕业论文无关的书。至于写博士论文的时间不够，"三年写不出就四年，四年写不出那就五年吧！"还没入学他就撂下话等着我了。

延期我不怕。巴不得呢，跟着他。可问题是，再怎么样也要知道往哪儿下功夫才行吧。因此我特别留意他平时关于学习、关于文化地理会做些什么样的指示。那个早上听他在车上那么一说，激动得我简直什么似的。

可惜那天他刚说完上面这些话，车上又上来了中文系的王运熙先生，谭先生转而跟王先生聊天。从那以后，再没重拾过那个话题。再后来，我开始写论文了，想问他，没机会了。

念书时迫于学业压力，对于谭先生的教诲我自然是采取本位主义态度。他说搞文化地理首先要把民族变迁弄清楚，我做的是两湖，这个空间范围里的我当然不敢偷懒，至于这两个省份之外，例如云、贵之类——我只能说，我一直在关注。

可能有读者已经看出来了，以上我拉拉杂杂地写了那么多，其实还只是垫场，下面我要说的另有其事。的确，接下来要说的是温春来教授的新著《从"异域"到"旧疆"：宋至清贵州西北部地区的制度、开发与认同》（生活·读书·新知三联书店 2008 年版。本文引用时，仅标注页码）。这本书并不是一本历史地理学著作，尽管里面既有历史也有地理。它走的是历史人类学路线，关注的则是社会经济史问题。可是从题目上已不难看出，它与上述谭先生指示我关注的东西实在是很接近。

这本书讲的是一个区域的社会变迁，从宋元到明清。作者用了传统文化中的四个词："异域""羁縻""新疆""旧疆"。早在宋代，当地是一个有深厚制度文明的彝族君长国，以中原而言之，还只是"异域"。元代设立土官，驻军屯守；明代将贵州开设为省，但在黔西北，仍然是通过军屯、土司进行管理，因而终元明之世，不过是"羁縻"。清初改土归流，辟为"新疆"；到清中叶以后，文化和礼俗均彬彬如内地，渐次被人们视为"旧疆"。

这样一个故事，就主题和结局而言，并不算稀奇。在同样的时段，至少南方广大地区，不知同步上演着多少同样主题的悲喜剧。多年前读黄永玉先生写湘西的文章《蜜泪》，那里面就隐约晃动着一个差不多同类的故事。黄先生用的是文学手法，笔触沉痛、洗练；而以学术语言表现同类题材的，在以往学界恐怕也未便说很少。

那么关键还是在故事的线索和演进过程。这取决于作者的识力和叙事技巧。这是我读完温著后着重想一吐为快的。

我不知什么时候养成了一个很坏的毛病，但凡写学术文章，一定要先把题目安好。定下来之后哪怕扯动一个字，整个思路都要重新理过。否则就写不下去。这当然很麻烦，因为要找到一个好题目很不容易，有时思维的推进，往往还会导致想法的改变，所以经常被折腾得很苦。我不知春来兄是否也有这样的习惯，从他的这本书看来，我推想他大概也差不多。因为他这本书的题目定得很精准。

制度、开发、认同，这是作者拈出当作书名的三个关键词。书中的讲述，也就围绕着这三条线索而展开。当然有主次。其中最吃劲的，我觉得是制度。当地作为一个有自身文化传统、有独特语言文字的地域，要揭示这中间的变迁，不仅须深入田野，还要跟彝族语文打交道，这可不是闹着玩的。虽然关于彝族文献的汉译前人已有大量工作可以参考，但彝族社会经济的地域差异那么明显，而且其各地文字不尽相同，因此作者只能谨慎地使用当地的材料。在讨论中，作者很低调，没有整篇整段地引述彝文，只是在提到某些概念时将彝文括注出来；但无论是追述彝族君长国的制度与文明，还是分析当地制度在与汉文明接触过程中的嬗递，作者一直抓住那些关键的彝语概念展开讨论，不时断以己见。这中间的是非我判断能力较弱，在此且不多说。

当然，更多情况下，作者还是利用传统典籍以及当地的汉文材料，包括前人汉译的彝语材料进行讨论。诸如土官、流官的设置，以及里甲制、赋役，等等。这些讨论我能看出作者有不少个人发明，例如对明代土官文职武职的考辨，但是这方面非我所长，在此也不多说。

开发的主题，作者依次考虑移民、户口、矿产、交通、市场，还有农业转型，等等。至于文化认同，作者先后阐述了文化移殖、社会阶层变迁、文教兴起、族类界限观念演变等相关问题。这些内容我相对较熟悉一些，但还是不想多说。如果硬逼我谈感受，我只说一句：读起来很舒服。

我想说的是，作者讲一个地域社会变迁，用三个词就把它拎活了。以往讲地域社会变迁的著作海天海地，可曾见过谁也有这样的手笔？我不敢把话说太满，但是我印象中确实第一次产生这样的感觉。由此我不能不认为，作者的历史哲学功底是令人钦佩的。

奇怪，作者在书中并没有摆弄哲学名词，也没有玩那些莫名其妙的理论，但我就是有上述印象。想来有两点原因。

首先是师承。早在十几年前，我初次拜见陈春声、刘志伟两位先生的时候，他们便给了我一个很强烈的冲击：他们跟我熟悉的一些历史学家大不一样，脑子特别清楚。在轻松、热烈的交谈中，他们很注重逻辑、理性，我还记得其中的一位曾大声喝问："难道不从哲学上思考吗？"由此我感到，他们对于学生的训练，会很重视科学思维的培养。

更主要的还是工作本身。制度、开发、认同，如果按照我们固有的普遍真理，无论如何都不会这样来讲的。制度是上层建筑，开发是经济基础，不是说经济基础决定上层建筑么，岂有把上层建筑摆在经济基础前面之理？然而，作者就这样摆了，并且，如果我们贴近史实还会发现：不这样摆不行。黔西北地区的社会变迁，制度确实是个先行因素。它是人为的。确实是先有了制度上的变迁，然后才导致开发上的演替。在这中间和之后表现出文化认同方面的跟进。这样看下来，文章似乎根本就不是作者自己从脑子里想出来的，而是天地间本来就存在的。

我不知道作者花了怎样的功夫才从千头万绪的社会事象中理出了这样一个故事结构，在这里我还要讲的是，就算发现了这样一个结构，要把它抓住也不是一件轻而易举的事。我见多了一些所谓"深入"的研究：本来要几条线索共同起作用才能把一个问题讲清楚，可是，每条线索都有它本身的内容，深入下去都有事情可做，于是，顺着其中某一线索的细节，琐琐碎碎，枝蔓不已，到后来捧出一堆破裹脚布。至于当初的设想、问题本身的结构，天知道。

所以我认为，作者清理出制度、开发、认同三条线索，却没有写成单独的一本制度史，或开发史，或认同史，而是写成了一本综合性的区域社会变迁史，这反映了他具有很好的整体观，有相当强的分析和归纳能力。我在上文引述谭其骧先生的话，他多次谈到某问题重要，或更重要，这是一种很科学的思维方式。在这里我要说，温著也是识得重与轻的。否则，很容易陷入琐碎无聊的细故中难以自拔。

也许马上就有人要来质疑温著的细节了。有些人差不多有一个思维定式：识见宏阔者其工作必粗疏。对此，我实在不愿简单地予以直接回应，不妨先补叙一下该书的篇章安排。其主干内容分上下两编，上编从"异域"到"羁縻"，讨论宋至清初改土归流前的黔西北社会，下编从"新疆"到"旧疆"，分析改土归流后黔西北地方社会的变化。各分四章，前面是：彝族君长国的制度与文明，地方传统对"羁縻"政治的制约，驿道、卫所与教化，彝族制度在明代的变化；后面则是：开辟"新疆"，改流后的土目与布摩，移民、矿业与农耕的发展，文化认同与身份认同的演变。这就足可以看出，作者在工作中不仅能得其大，同时思维相当柔软。他完全在讲一个历史学的故事，而不是从制度、开发、认同三个概念出发，将黔西北的社会变迁硬劈成几块，然后切细。他得出来一些宏大叙事，完全是建立在细致的具体工作之上的。

还是举例说明。其他例证意义不大，请看史料方面。这是衡量一份史学工作够不够格或高不高明的基本标准。我注意到三点，其一，是关于彝文材料，作者在每次使用时都谨慎地分析材料的具体创作时代。因为黔西北的彝文字虽然早在南宋时已开始使用，但现存的彝文献基本上是明清时期的作品。由此作者在导言中提出，对于彝文献的时代以及对音这两点，必须审慎。他甚至声明："本书一般不会单独利用彝书去考证、讨论具体的历史事件。"（第24页）这一态度是令人放心的。

其二，作者在第一章引用范成大的记载，其出处不是《桂海虞衡志》原书，而是马端临《文献通考》卷328《四裔》。为此他特意注明：通行本《桂海虞衡志》中的《志蛮》部分缺漏甚多，反倒是《文献通考》中所引与原书的本来面目最近(第5页)。这当然不是他个人的发现，但足以反映其对史料的敏感。在以明清为主要研究时段的工作中，他对前段的史料居然也运用得如此细腻，我认为是值得赞赏的。

更重要的还有其三，关于民间文献的搜集和解读，作者在导言中写出了历史人类学的一个基本规范："强调不破坏文献本身的系统与脉络"，这样，"研究者既容易了解文献之间的关联，也有足够的线索回到文献产生的现场，进行田野体验与调查"(第14页)。这一点，我不仅佩服，而且深受启发。因为近年来我对收集民间资料也颇有兴趣，已经陆续收到了一些。以往都是学别人的样，付完钱拿了就跑，根本不考虑文献现场、回访调查之类的事。现在学到这一招，对我将来的工作颇多助益。

有了上述三点，还须进一步举证么？我以为不必了。末后，我也许该讲讲该书的不足。

说实话，我本来不认为该书真有什么值得说的不足。在我看来，一个故事已经讲到这份上了，就算有不足也无大所谓。但我怕有人说我看问题不全面，于是只好给它硬挑。终于，我发现该书的结论好像还有加强的余地。

该书一共四大部分，上下编和导言，上文都已有所引述；最后的结语，题为对周边族类进入王朝秩序的思考，仅写了十几页，似乎缺乏足够的展开。我不知作者出于何种考虑。就我的想法，我对写这种劳什子很痛恨。一来很难，二来我觉得与作者无关：故事讲完了，如果讲得不好，那是作者的责任；至于从中得出什么思考，那是读者自己的事，凭什么还要作者来讲？作者有无想法，讲与不讲，都应该是自由的，何必要求他一定要告诉读者？因此，我绝无意于苛责春来兄，在这里写下这样一点所谓不足，实在只是为了替某些追求完美的读者表达他们对完美的追求。仅此而已。

原载《读书》2009 年第 1 期

社会史如何贴近社会

——读《清代嫁妆研究》

社会史的研究走到今天，已经极大地锻炼了读者的审美能力。若干年前，只要看到好题目，无论内容如何，都会先加褒奖。然而现在，仅仅一个好选题已经不足以引起读者的激动。有时甚至相反，唯其选题好，读者对其内容期望更高，从而越发对其求全责备。

现在笔者对毛立平博士的《清代嫁妆研究》（中国人民大学出版社 2007 年版，以下简称《嫁妆》。为了方便、简洁，本文引用《嫁妆》原文时，仅标注页码），心情就大抵如是。该书选题实在是太有吸引力了。前此，笔者曾以乡邦的风俗为素材，发表《讨鼓旗——以女性丧礼为中心的经济与法律问题》（《历史人类学学刊》2003 年第 1 卷第 2 期）一文，讨论的其实正是女性的嫁妆。因此当看到《嫁妆》一书问世，欣喜之情难以言表。

然而或许是由于专业兴趣的差异，笔者在细读该书之后，觉得有些内容尚不能令人餍足。在此整理成文，一以表示对毛博士的支持，二来本鹦鸣求友之意，略陈笔者对于相关问题的意见。其不当之处，敬祈指正。

一、"嫁妆"的来源及构成

何谓"嫁妆"，相信每一个有社会生活经验的人都不会陌生。毛博士在《嫁妆》的导言中开宗明义："嫁妆，是女子出嫁时娘家陪送的财物，亦称'嫁装'、'嫁资'、'妆奁'、'奁具'等。"(第1页)这一论说，其所谓"亦称"无大问题，但是其前半的界定却颇有疑义。导言随后以及第四章导语中，毛博士对此还反复强调："嫁妆是母家赠送给女儿供其带到婆家使用的财物"(第3页)，"嫁妆是女方家庭馈赠给女儿女婿的礼物"(第205页)。如此着笔，尚不足以说明问题的全部。

众所周知，在传统婚姻缔结过程中，男家是要向女家提供聘礼的，或称彩礼、财礼。对于这笔彩礼，《嫁妆》也给予了相应的关注，但给出了一个简明的认定："聘礼是男家送给女家的礼物，使用权和受益者应为女方家庭。"(第163~164页)这样处理，其方便处不言而喻；但同时也存在不足：与实际社会生活相去较远。

如果以受礼人的身份进行分类，不难发现，传统婚俗中男方向女方提供的财礼(由 M 表示)可分为两大部分：送给新娘本人的(由 M_1 表示)，送给女方家人的(由 M_2 表示)。这些财礼的内容、馈送次数、时机和方式因时代、地域、人群的不同而存在种种差异，但寄予其中的经济关系却呈现出两条清晰的理路：M_2 属于人情往来，受礼人或照单全收，或接收后有所回馈，各受当时当地风俗的制约；M_1 则在新娘过门时带回男方。

因此，嫁妆（由 J 表示）的来源构成可以用公式表示如下：

$$J = M_1 + F$$

其中，F 表示来自女方家庭的部分。如果细分，有来自新娘父母的赠予，也有女方亲戚或朋友的添箱，还可能有新娘本人婚前的劳动所得，在此毋庸细叙。严格地讲，这才是真正的"陪送""陪嫁"。就这一意义而言，"陪送""陪嫁"和"嫁妆"并不完全是一回事。

毛博士研究清代嫁妆，有一个重要的理论关怀：以物权为中心进行考察。《嫁妆》正文五章，除第一章整体描述、第二章对满洲贵族的研究外，第三章考察嫁妆与妇女的财产继承权，第四章讨论妇女对嫁妆的支配权，第五章论述因嫁妆而引发的社会问题，这三章内容都围绕着妇女的财产继承权而展开。这是一个很有意思的话题。但既然如此，按理就应该专注于女性从娘家得到的嫁妆，即上述公式中的 F 部分，而不宜笼而统之将嫁妆打包处理。

是否《嫁妆》中讨论的嫁妆只涉及 F 而不关乎 M_1 呢？答案当然是否定的。

《嫁妆》一书中制作了多幅表格，其中表 3-2"嫁妆与聘礼关系举例"（第 160～163 页）、表 5-1"贫家陪嫁举例"（第 237～239 页）、表 5-3"地方志中的奢嫁记载"（第 248～

253 页)中有不少史料可以直观地反映嫁妆和男方财礼(M_1)之间的关系，例如：

(1)民国《凤山县志》："女家备办上述各物，除将男家所给聘金用尽外，上中家每嫁一女，先时须贴用一二百元，现时约贴数万元。"(第 161 页)

(2)民国《平乐县志》："至于聘金之来，完全璧返，为婚姻不论财礼之表示，不独富有者为然，稍足支持者大率类是。"(第 161 页)

(3)民国《重修蓟县志》："惟贫困者嫁女无资，少索财礼以为嫁女时之衣饰。"(第 237 页)

(4)同治《雩都县志》："贫家因以为奁，或多索金。"(第 238 页)

(5)同治《筠连县志》："有女家贫不收采礼，奁具悉听夫家自制，谓之'倒办'者。"(第 239 页)

(6)民国《万全县志》："所有双方之聘礼、妆奁，或用高桌陈列，或用食盒装置，抬夫数十人，……"(第 249 页)

上述 6 条史料，(2)(6)两条是将聘礼(M_1)原物璧还；其余 4 条则是女方动用 M_1 的资金置办物件，(5)甚至连置办都由男方承担。类似资料在《嫁妆》中还存在不少，兹不赘述。现实生活中广大农村地区迄今仍有不少地方沿袭这一习俗。在对 M_1、M_2 不加区别的情况下，笼统地就嫁妆来讨论女性的财产继承权，显然是不可能有准确答案的。

毛博士并非不知嫁妆与聘礼存在关联，她也曾指

出："许多情况下，嫁妆还由聘礼转化而来。"（第160页）
这句话值得注意。所谓"转化"，按照《嫁妆》的理论关
怀，意指物权转移。稍后该书又就此做出进一步解释：
"女方父母可以将聘礼转化为女儿的嫁妆，也可以利用
聘礼作为家庭其他的经济支出。"（第164页）言下之意，
聘礼一旦到了女方家庭，其所有权和支配权就完全属于
女方父母了。

笔者认为，毛博士的这一理解并不能反映社会实际
生活。上文已述，在传统婚俗中，男方送给女方的财礼
包括两大部分（$M = M_1 + M_2$）。由于各地风俗、各人家境
不同，M_1 和 M_2 这两部分在 M 中所占比例存在很大差
异。其中较极端的情形是 M_1 趋近于零，但 M_2 不能为
零，此时男方的财礼也就可以由女方家庭自由支配（$M \approx$
M_2）。俗语所称的"买卖婚姻"即属此类。但大多数情况
下，M_1 是存在的，它的所有权自始至终属于男方，女
方家庭无权对其进行处分。

《嫁妆》中有不少现成的史料。该书第五章述及"一
些家庭在陪送嫁妆时使用欺骗的手法"时，曾征引同治
《洪洞县志》的记载："近俗竟有假妆奁为饵，以争财礼
者。既有用铜锡充数，以骗亲者；更有以好看为名，令
男家借取首饰、币帛，及赚物到手，或尽裁减，或竟当
（卖）者，致使日后残恨其妇，诟詈其婿，究以两姓之
好，遂成仇雠。"这里面包含两种情况。毛博士的解读
是："女家以置办妆奁为名向男家争要聘礼，到手之后
即使用欺骗的手段，用'铜锡'冒充金银器物为嫁妆；或

者女家令男家借取他人物品以充体面，而用后不归还，甚至当卖。"（第 245 页）应该说，这一解读的前半是到位的，但后半稍有不妥。"假妆奁为饵"而"令男家借取首饰、币帛"，也就是以 M_1 的名义将 M 做大；"及赚物到手"后并不打发，也就是说，根本还没有用为妆奁；毛博士称之"用后不还"，大概没注意到它须返回男家才算是派上了用场。

表面看来，上引资料中女方家庭对男方财礼任意处分，可谓符合前引毛博士对聘礼的定性。然而女方家庭须为此付出代价："残恨其妇"，"遂成仇雠"。这一事实本身充分说明：聘礼（M）中有一部分不是"男家送给女家的礼物"，它是男家送给新娘当嫁妆的（M_1），其使用权和受益者并非女方家庭；如果女方家庭有所"裁减"，或以次充好，后果很严重。

笔者常感觉，在中国传统社会中，物权问题是比较微妙、模糊的。M_1 作为男家委托女家送给新娘的礼物，其所有权固然不属于女方家庭，即使它作为嫁妆的一部分被带到了男方家庭以后，其实也不见得就一定归新娘所有。曾国藩的曾孙女曾宝荪就记载了这样一个例证：曾宝荪之母为广东电白人，按广东风俗以"平妻"身份嫁给曾广钧，曾宝荪祖母郭太夫人大不以为然，竟要新娘"交出所有聘礼"（《曾宝荪回忆录》，岳麓书社 1986 年版，第 4 页）。毛博士在《嫁妆》中断言："即使女方家庭将聘礼转化为妆奁返回男家——这是清人常常使用的做法，这笔财产也与新婚的父母无关了。"（第 164 页）恐未必尽然。

还须指出的是，在上述 $J = M_1 + F$ 这一经济关系中，就习俗层面来说，嫁妆 J 最基本的来源是 M_1 而不是 F。道理明摆着：对富家来说，M_1 和 F 都可以比较大，即通常所谓厚聘、厚嫁；但对穷人来说，F 往往趋近于零，此时 J 还能否存在其实取决于 M_1 之有无。《嫁妆》中曾引清代俗谚"上等之家贴钱嫁女，中等之家将女嫁女，下等之家卖儿卖女"（第 11 页），反映的正是这一规则：一般人家即中等之家在嫁女时陪嫁部分 F 不会很大，就是说，其嫁妆主要取资于聘礼（$J \geqslant M_1$）。至于下等人家，女方既无力置办陪嫁（$F \approx 0$）；男方若提供嫁妆（M_1），一来有可能被女家挪用，二来也总归能省则省，于是尽量将 M_1 减省，甚至将其减省为零（$M = M_2$）；既如此，嫁妆也就很难谈得上（$J \approx 0$）。女家因嫁女而得到一笔补贴，其情形颇类似于"卖儿卖女"。

明乎此，要从嫁妆中探讨女性的财产继承权，恐怕只能得出一些令人沮丧的结论。

二、地域、阶层与时代

清代历时 200 余年，壤地辽阔，各地习俗差异明显，讨论嫁妆自不能一概而论。对此，《嫁妆》在导言中树立了一个目标："通过对嫁妆以及陪嫁观念的研究，我们可以认识清代不同地域的习俗、不同社会阶层的人群对于婚姻和女性的不同理解，这也是本书所要体现的主旨之一。"（第 6 页）这是笔者特别赞赏的。

为了达成这一目标，著者在第一章整体描述的第一节分析了清代嫁妆的分类和规模。该节包括三项内容，一是分类，按用途分为"生活用品"和"不动产"两类，前者包括衣物首饰、日用器具，后者则指土地、店铺、房宅等(第15页)。二是规模。三是各具特色的清代嫁妆，又包括三点：反映地方特色的嫁妆、反映儒家文化的嫁妆、反映生育文化的嫁妆。

通观全书，上述目标中所谓"清代不同地域的习俗"，也就只在"反映地方特色的嫁妆"这个4级标题中得到了实现。其他部分，无论是第一章第二节嫁妆的提供者和陪送方式，还是第三、四、五各章，尽管多处也提到了各地习俗存在差别，如"'催妆'礼依各地风俗而不同"(第71页)、"发送嫁妆时间的早晚，除各地风俗的差异之外，还与地域、家庭贫富等因素有关"(第85页)、"扛夫酬劳的支付因各地习俗而不同"(第89页)之类，但叙述内容并未因之而出现一些区域性的结论。不难想见，所谓"不同地域的习俗"在著者笔下只是一种叙事方式，而并未成为观察视角或思维工具。

该书论述"反映地方特色的嫁妆"，列举了湖南、江西、广东、广西、浙江、河北、河南、台湾8个省的例证。但著者着眼点主要在"许多嫁妆属于地方特产，其他地方很难置办"(第35页)，以及"妆奁中经常含有体现各地不同婚姻礼俗的物品"(第37页)。前者如有些地方"常以书板为奁资"(第35页)，有些地方"必须多多陪送糖果或糖梅"(第36页)，后者则有些地方嫁妆衣箱内"均用裤子盖面"（第37页），而有些地方殓物中"必预备凶服"（第39页）。这样的工作笔者认为严重不够。这样的展开，基本上像是在猎奇，完全没法谈地理学意义上的"地域特色"。因为从中看不到任何有区域差异的存在，有的只是空间上一个个的点，展现着种种不同的风俗细节。各地的风俗既无法比较，某种风俗的分布范围也无从得知。

以笔者之见，嫁妆的所谓"地方特色"，其要义并不在于是否为一地之特产。因为特产的标准很难言，同样为书板，同样为糖果或糖梅，不同地方的工艺和样式也会各有特色。关键还是应该从物件的种类和文化含义入手，分析各地嫁妆构成的差异，以及某种组合类型的地域分布。

就这一意义而言，笔者认为毛博士对嫁妆的上述分类是不成功的。仅分为"生活用品"和"不动产"两类，等于将社会上绝大多数人的嫁妆等量齐观了。毛博士自己也承认："土地等不动产只出现在富家大户的妆奁中，一般人家少有陪送。"（第15页）应该说，即使富家大户，也并不是都有不动产陪送的。既然如此，该分类对于全书的展开，诸如揭示地域差异、人群差异，等等，也就没有发挥应有的作用。

笔者认为，对嫁妆进行分类，比较合理而简明的是按其出现的可能性进行区分。例如，基本的、附加的、特殊的。家境再寒俭也不得不置办的是基本的；家境稍好的会在此基础上增添一些附加物品；个别富家大户还会进一步再添加一些特殊妆奁。应该说，这几个部分都可能存在地域差异，但基本部分的地域性无疑是最强的。不妨说：富家的妆奁总归有一些是相同的，而穷人的妆奁各地有各地的特色。例如，江南一带传统嫁妆中必不可少的有马桶，俗称子孙桶；而在笔者故乡湖南一带，过去妆奁的基本构成则是一担笼子和一只皮箱，马桶须打发全套嫁奁才会置办。再以《嫁妆》引述的资料而论，康熙《汾阳县志》载："递减至贫家，则随身奁箧而已。"（第 148 页）而道光《安平县志》称："贫者减他物，而床帐必具。"（第 156 页）显而易见，只有经过这样分层次的比较，才有可能看出各地嫁妆最基本的特色。如果像毛博士那样一概将其视为生活用品，笼而统之地认为"生活用品是最基本的组成部分"（第 15 页），那么这些丰富而显豁的地域差异也就都看不出来了。

相比之下，毛博士对于阶层差异的兴趣似乎更甚。《嫁妆》各章在在都注意到贫富差异，第三章还以一半的篇幅单列"奁田——特殊的财产继承"一节进行讨论。该节内容曾在《中国社会经济史研究》2007 年第 2 期单独发表过，可以说是该书中做得较好的部分。这一眼光是值得肯定的。但美中不足的是，《嫁妆》中关注的清代阶层只有两个："富家大户""一般人家"（第 15 页），或"贫家""富家"（第 63 页）。虽然著者的观念并不止于此，如第一章讨论嫁妆规模时曾提到皇族、官员、商人、妓女；稍后又列有"各地嫁妆的等次差异"一表（第 57～61 页），资料中呈现出"普通人家""中等人家""富者"的分

别；第五章第二节谈嫁妆对婚姻的负面影响时又列有
"贫家陪嫁举例"（第237～239页）、"中产之家嫁妆情况"
（第240～243页）两表；但著者并没有建立对清代社会分
层的类型概念。笔者推想，上述各处叙述出"中等人家"
和"贫家"等，似乎是迫不得已，因为资料本身已区分明
白；一旦脱离资料的羁绊，著者便只挑出其中的富者，
甚至根本连贫富都不予理会，一律进行均质化处理。例
如，第五章第一节分析嫁妆对婚姻的促进和维护作用
时，只有一个个案例，并无社会分层意识。

　　而且，《嫁妆》中呈现的地域差异和阶层差异，著者
基本上是分开考虑的。尽管也曾出现"不同地区、不同
阶层的家庭所筹备的妆奁也不相同"（第57页）的断言，
但在具体分析中，讲地域差异便不讲阶层差异，讲阶层
差异便无视地域差异。从来没出现讲地域时考虑阶层，
讲阶层时又顾及地域的立体思维。例如，第三章第二节
讨论奁田，应该说这是很典型的对同一社会阶层的分
析，但其中没有引入任何地域性的讨论。

　　尤其令笔者惊讶的是，在第一章整体描述中，著者
居然得出了一个普适性的推论："清代中等规模嫁妆的
标准，应在白银100两至200两之间。"（第33页）具体而
言，就是"将100两至120两银子左右的嫁妆，算做清
代前、中期中等规模嫁妆的标准"（第32页）。其资料依
据有二：一是康熙曾恩赏41位因贫而无法出嫁的宗女
每人100两银子以备嫁妆；二是乾隆曾赐宗室贫困者每
人120两银子以为妆费。至于晚清，由于在《曾国藩家

书》中找到了"以二百金办奁具"的文本，毛博士即认为："如果将物价或婚嫁花费行情上涨的因素考虑在内，曾国藩时代的 200 两银子应与康熙时期 100 两银子的嫁妆相差不大。"（第 33 页）

笔者不能不认为，这一推论是缺乏科学价值的。首先，"中等规模"这个概念即有待商议。是富人的中等规模、穷人的中等规模，还是全社会的平均值？如果再加上地域因素，这个规模又该如何变动？皇帝给宗女赐妆奁费，太奢或太俭都不至于，那么参照的是富人的中等规模，还是穷人的中等规模，还是比上不足、比下有余的一个规模呢？恐怕是个问题。笔者认为，应该是在全社会大多数人的中等规模之上的。乾隆《临晋县志》载："临之聘，必以银，率二十四两，或有上下焉。"这是当时人的记述，其数值与上述乾隆帝赐妆奁费的 120 两银子相去 4 倍之多。

曾国藩所言"以二百金办奁具"，毛博士注意到是在其大女儿出嫁时。其时为 1861 年，曾国藩任两江总督，驻安庆。作为一个出身湖南乡村，后来长期在京师和外地为官的理学家，曾国藩指定 200 两银子的标准显然是有现实依据的，但所参照的究竟是他老家湘乡的标准，还是京师的标准，还是江南一带的标准？恐怕也值得斟酌。笔者考量，应该是超出湖南乡村一般标准的。据曾国藩女儿曾纪芬回忆，曾国藩中年"治军之日亦仅年寄十金二十金至家"（《崇德老人自订年谱》，见《曾宝荪回忆录》，岳麓书社 1986 年版，第 12 页），说的正是 1861 年前后那段时间。200 两银子已是其每年寄回家俸余的 10 余倍，相信当地乡间很多人家是办不起的。

随着时间的推移，嫁妆规模一直在水涨船高。民国《乡宁县志》载："百余年来，渐重财礼。光绪中，平家行聘，无过五十千者；至光绪末，增至二百千；今则三、四百千不足异矣。"(《中国地方志民俗资料汇编·华北卷》，北京图书馆出版社 1989 年版，第 683 页)这显然在描述当地的"中等规模"。若仍以曾家为例，曾国藩 1861 年定下嫁女妆奁 200 两银子的标准，到 1866 年就不行了。此年曾国藩的四女出嫁，其夫人仍按成例给予 200 两奁资；乃弟曾国荃觉得不可思议，"发箱奁而验之，果信"，于是"再三嗟叹，以为实难敷用，因更赠四百金"(《崇德老人自订年谱》，第 13 页)。等于一共打发了 600 两银子。到 1875 年曾纪芬出嫁时，其奁资更是大幅度提高。她晚年自述云："余之奁资，有靖毅公所遗之千两；及文正公薨，诸女亦各得千两；欧阳太夫人薨，又各分八百两；益以子金，粗足三千。"(《崇德老人自订年谱》，第 21 页)

考虑到嫁妆规模一直在上涨，同时物价也在上涨，因此，要对清代"中等规模"的嫁妆加以数量描述，无疑应给出一组数据，而且应标明每个数据的年代。可是毛博士仅仅推论："白银 100 两至 200 两之间"，不加任何限定，实在令人匪夷所思。白银 100 两至 200 两，算哪个年代的钱？清初与清末，同等数目的银钱其购买力相去不可以道里计。毛博士既声称"将物价或婚嫁花费行情上涨的因素考虑在内"，可是出示的数据居然毫无时效观念。其所谓100两，无疑是以上述康熙时的史料为据，而200两则来自《曾国藩家书》；苟此解不误，从上文分析中已不难看出，就实际购买力而言，康熙时的奁资100两实远远豪华于曾国藩时的200两。毛博士的这种表达方式，从科学上显然也是不合适的。

三、资料与解读

以上两个方面都较为宏观。与此同时，《嫁妆》中对资料的具体解读也存在许多可商之处，现略分三类稍加讨论。

第一类：结论先行。著者陈述一个既定观念，然后征引一些明显不支持的史料。

例如，在导言开头，叙述中国古代一直有着给女儿陪送嫁妆的习俗，著者写道："至唐宋时代，陪送嫁妆已经为法律所肯定。"证据是："《宋刑统》规定：'姑姊妹在室者，减男聘财之半。'即比照男子聘财一半的额度作为嫁资。"（第2页）原文之后是毛博士的解读。在此，姑不论《宋刑统》是否足以反映整个唐宋时代，毛博士的解读与原文本意是差别甚大的。查《宋刑统》原文为：

〔准〕《户令》，诸应分田宅者，及财物，兄弟均分。妻家所得之财，不在分限。兄弟亡者，子承父分。兄弟俱亡，则诸子均分。其未

娶妻者，别与聘财。姑姊妹在室者，减男聘财
之半。寡妻妾无男者，承夫分。若夫兄弟皆
亡，同一子之分。(《宋刑统》，中华书局 1984 年
版，第 197 页)

非常明显，这一条文并不是关于"陪送嫁妆"的规
定，而是对"诸应分田宅者，及财物"的规定，即对遗产
继承权的规定。尽管可以说，"姑姊妹在室者"分得的那
一份可以用来置办嫁妆，但无论如何，它与嫁妆尚有距
离。这中间有种种变数。就嫁妆这个概念来说，它并不
等于"姑姊妹在室者"从父母那里继承到的财物的全部；
它还包括上述 M_1 部分以及其他亲朋好友的"添箱"。就
继承到的财物而言，它很可能还须支付"姑姊妹在室"期
间的用度。总之，简单地将二者混为一谈，并由此得出
"陪送嫁妆已经为法律所肯定"的论断，距资料本身的效
用范围实在太远了一些。

又如，资料中有不少"婚姻论财"的记载，而且往往
与贫困联系在一起。应该说，这是一种议论、一种话
语。事实上，任何阶层的婚姻都是不可能脱离"财"字
的。但是毛博士在论及时，先是仍认为"所谓的'婚姻论
财'多发生在贫困家庭"(第 62 页)，并引证方志中"独小
户贫家始有论财之说"(同治《钟祥县志》卷 2)的资料 5 条；
然后阐释其原因："贫困之家嫁女多索聘财，而对方往
往也是贫困家庭，付出聘礼之后，自然希望得到同等乃
至更多的回报，论财之风愈演愈烈。"这一解读，昧于婚

俗过程中的基本经济关系，上文言之已详。而更让人惊讶的是，著者为了证明其解读，援引《中华全国风俗志》中关于杭州的史料，谓："为避免在婚礼中因'论财'而引发争论或导致日后的家庭矛盾，缔姻两家在交换庚帖时，就要将双方家庭的聘礼与嫁妆开列明白，女家帖中先写明，'及议亲第几位女，年甲月日吉时生'，以下'具列房奁首饰金银珠翠宝器动用帐幔等物，及随嫁田土屋业山园等'，由媒人往来两家通报，如果两家相当则婚事可成。"（第 63 页）在这条资料里，"论财"则论财矣，其奈论财者并不贫困何？——既然女方庚帖中能开列"首饰金银珠翠宝器动用帐幔等物，及随嫁田土屋业山园等"，男方家境也与之相当；如果说还要坚持认为"所谓的'婚姻论财'多发生在贫困家庭"，恐怕对当时的穷人太不公平。

类似的情形还有很多。上述《嫁妆》第一章得出的一个普适性推论："清代中等规模嫁妆的标准，应在白银 100 两至 200 两之间"（第 33 页），著者在考求过程中以脚注形式征引资料，起首便是道光《广宁县志》所载："乾隆年间，中平之家妆奁之费大约数十金，或百金，即富厚之家亦不过三五百金。"笔者以为，据此应得出当地在乾隆时"中等规模"的嫁妆一般到不了 100 两的结论。稍后又有民国《上林县志》所言："咸、同以前，男家送聘金制约二十四千文者谓之中礼，三十二千文者谓之上礼，迨光绪中叶后，有送至小洋六十、八十、百元不等者；女家赔奁所费称是，或且倍之，冀争体面。"这些数据均与著者求证的结论出入甚大，然而著者毫不介意。

第二类：过度提炼。著者从资料中提炼出一些经不起推敲或并无意义的结论。

著者在《嫁妆》的导言中一上来就提出"清代嫁妆具有普遍性和奢靡性两个特点"（第2页）。所谓"普遍性"是否构成清代嫁妆特点在此可不深谈，因为其他朝代同样具有此一特点至为明显。至于"奢靡性"，尽管著者爬梳到不少似乎有利于结论的材料，但笔者感觉，这恐怕是个假命题。

如果说清代嫁妆具有"奢靡性"，那么应该满足三个前提：全国普遍皆然；有清一代皆然；其他朝代不然。这里面，第一点就不可能得以满足。清代史料中确实不乏对嫁妆奢靡的描写、感叹，但同样，嫁妆平平甚至无力置办嫁妆的也比比皆是。根本无须爬梳史料，只要按诸常识就不难得知：即使人人追求奢靡，事实上也是不可能得遂所欲的。讲一个朝代的嫁妆具有"普遍性"倒也罢了，因为即使有些人事实上办不起嫁妆，毕竟不属于中国文化的常态；进而还要讲一个朝代的嫁妆具有"奢靡性"，恐怕不能不认为这里面有点逻辑问题了。笔者是不相信任何一个朝代的嫁妆可以满足这样一个全称判断的。顶多只能说"趋于奢性"（第5页）。但如果这样总结，又缺乏足够意义，——何代不然、何地不然呢？毕竟人同此心、心同此理。

《嫁妆》第一章描述清代嫁妆的种类时，著者分析了陪送日用器具的意义。她认为："从娘家带来的生活用品，不仅可以体现出新妇的经济地位，还可以帮助新妇消除对新家庭的陌生感，有时甚至起到身份认证的作用。"（第21页）然后举了《清稗类钞》中一个康熙年间的例证：两支迎亲队伍因避风雪同憩于野亭，重新启程时错认香车，到夜里新娘通过嫁妆起疑，一番交涉后发现自己进错了人家。据此毛博士认定："此案例即体现出嫁妆对于新妇的重要作用。"（第22页）

在此笔者不能不认为：这一论断恐怕不能称之为科学结论。因为其中缺乏基本的因果逻辑。书中列举的只是一个充满戏剧性的特例，在清代并无普遍意义。而且，新娘本人还需要说话，她可以有无数种进行身份认证的方式。案例中新妇是通过陪嫁的紫檀镜台而起疑，如果送亲队伍中正好有一只小花狗，那么是否可以说，那只小花狗对新娘也具有身份认证的作用呢？

第三类：意见飘忽。同一情形，著者在某处持某一意见，到了另一处又持与之完全相反的意见。

《嫁妆》通篇强调嫁妆的性质是"娘家陪送""母家赠送""女方家庭馈赠"，甚至明明见到史料中有嫁妆包含聘金的事实，也不惜称为"转换"以自圆其说，俱见于上述。然而在第一章第二节分析嫁妆的提供者时，又列有一类"男方家庭提供嫁妆"，并引述不少资料加以说明。其中有部分由男家提供，甚至有全部由男家提供者。这简直令人莫名其妙：既然认为嫁妆是"娘家陪送"，那么就不应存在男家提供之说；而如果承认有些嫁妆由男家提供，又何必表述聘礼为"男家赠送给女方家庭的礼物"？不知著者究竟以何种意见为是。

稍后著者分析嫁妆的发送时间，为了证成这样一个观点："从空间因素来看，缔姻双方家庭距离的远近在很大程度上影响着抬送嫁妆的时间。"她先是阐述："一种情况是，由于男女两家相距遥远，相较于距离近的家庭而言，女家尤需先期发送奁具"；引述两条资料之后，又写道："而另一种情况为，道途遥远为举行婚礼造成诸多不便，如果女家先运送一次妆奁，再将新妇送往男家，不仅繁琐，而且耗费了不必要的人力、物力和财力，因此，一些地方近途者嫁妆先期发送，远途者往往随轿发送。"（第85页）对此笔者实在是糊涂：不知著者究竟认为空间距离对发送嫁妆的时间有没有影响？如果有影响，那么到底是距离越远越要早，还是距离越近越要早发送？现在著者先认为距离越远越需要早，然后又认为距离越近越需要早，岂不等于说明距离远近都有可能需要早发送，也就等于说，距离在其间并没有起作用？

类似例证无烦更举。总体而言，上述三类中，第二、三类相对较少，而第一类问题较为突出。反映了著者对于传统的实际社会生活较为隔膜。

四、人情世故：社会史的基本功

应该说，《嫁妆》著者对于传统社会生活是有一定程度理解的。如导言中在论述嫁妆规模时有谓："需要指出的是，所谓的嫁妆为多少'金'，并不意味着直接用金银陪嫁，人们只是出于习惯将陪嫁的各种物品折合成银两，以体现其具体的价值"(第 29 页)，这样的解读就非常到位。又如，第三章在分析妇女的财产继承权时，讲到嫁妆与聘礼的关系，说"富裕家庭多轻聘礼而重陪嫁"，解释道："原因就是儿子在结婚以后还可以通过分析家产的机会继承财产，而女儿继承家庭财产的途径主要在于陪送嫁妆。"然后征引若干资料，总结道："都是出于这个道理。"(第 164 页)

笔者非常欣赏这种论证方式：以"道理"统领材料。只是通览全书，类似的鞭辟入里的理解相对有限。多数地方，著者的说话很书生腔。笔者以为这是不可取的。

书生腔的表现可分两类，一类是好言儒家礼教，而见解不够通达。

第四章第三节讨论"嫁妆支配与妇女的家庭地位"，著者写道："按照儒家伦理规定，妇女应当'无私货，无私蓄，无私器，不敢私假，不敢私与'，即不应拥有独立于夫家之外的私有财产，不在家庭中做任何经济上的决策。"(第 220 页)这是著者认知的儒家关于妇女嫁妆处置的依据。但一望可知，这里面隔着两层：先就原文来说，出自《礼记》的这 5 个"私"字，与"嫁妆"其实并无干系，而且在现实生活中不可能有效。古来那么多讲究修齐治平的读书人，谁见过他们谁家的妇女曾经那么无"私"？这也就是写着供一些书呆子做做春秋大梦罢了。曾国藩一代理学名臣，他夫人去世后每个女儿各分得 800 两银子，这不是他夫人的"私蓄"又是什么？至于著者的解读，更是道学气。"不在家庭中做任何经济上的决策"，且不说现实生活中断无可能，还与其上文所引《礼记·内则》的"男不言内，女不言外"相矛盾。著者将"女不言外"解释为"传统礼教将妇女的活动范围局限在家庭事务之内"（第220页），可谓是极；但既然"男不言内"，莫非这些家务之"内"的经济决策还能去问男人不成。

正是本着这样的对儒家礼教的理解，《嫁妆》中多处出现了读来令人感到很好玩的语句。例如，上引文字之后，笔者总结道："妇女拥有和恰当地支配'私财'，非但没有被家庭和宗族谴责其不守妇道，反而通过利用嫁妆为家庭和家族做贡献，逐步树立起自己在夫家的地位和威信。"（第221页）不知著者有没有想过，既然夫家对此大加赞赏，这种行为怎么还可以被定性为"不守妇道"。

尤有甚者，著者在第三章讨论奁田时分析礼法规定对嫁妆的影响，居然援引《礼记》所谓"昏礼者，将合二姓之好，上以事宗庙，而下以继后世"的文字认为："若在婚姻缔结中使用金银，无疑亵渎了这一圣洁的使命"，由此认定："土地与金银同样违背礼法的规定和婚姻的大义。"（第183页）对此笔者实在是忍俊不禁。所谓礼法的规定倒也罢了，要说"婚姻的大义"，不知著者认为究竟怎样才算是不违背？毕竟，"事宗庙"也好，"继后世"也好，都要过日子；而土地与金银，不过是过日子的资粮。总不能说清汤寡水的才算维持了"婚姻的大义"吧。

书生腔的另一类表现是喜欢使用当代的法律语言，显得与传统社会的实际生活不够贴近。

《嫁妆》中有一种对法制史的关怀，上文已提及。这是值得肯定的。只是，稍有点过。例如，第四章第一节论述嫁妆的存放状态，著者在引入讨论的过程中说："如田庄土地、金银等，由妇女带到夫家后，是与夫家财产混同在一起，还是另外存放、为妇女个人占有？这个问题在清代的法律与各地的族规中都没有很明确的规定。"（第 206 页）应该说，就事实层面而论，这句话并无错误。笔者感到好奇的是：这个问题为什么要由法律或族规做出规定？以发展的眼光来看，现代的法制总归比传统时代绵密多了吧，好像也没见有人主张在现行法律中对夫妻双方婚前财产的存放状态做出明确规定。

更有意思的是稍后在讨论嫁妆的支配权时，著者写道："妇女独立占有和支配自己的嫁妆，并不意味着夫家成员绝对不能使用妇女的嫁妆，只是要动用嫁妆时必须首先征得妇女本人的同意。"（第 211 页）笔者老实承认，这句话看了几遍才确认看懂。但看懂之后，只好认为它含义为零。因为它无非是说：即使存在夫家成员有时动用妇女嫁妆的事实，也并不妨碍妇女独立占有和支配自己嫁妆的权利。既然如此，不知又何必有"并不意味着夫家成员绝对不能使用妇女的嫁妆"一说。

以上两类，有一个共同点，就是都先着眼于理论，而不是从当时实际的社会生活出发。笔者认为，这是不够的。常听到师友谈论：理论是灰色的。这话也许有点过，但无论如何，生活本身无疑更丰富多彩。古人也是人，古代的生活也是生活。古人并不见得都信奉儒家礼教；即使信奉礼教、谨遵法规的读书人，也并不见得都是坚持"饿死事小、失节事大"的腐儒，他们都讲究读书明理。"世事洞明皆学问，人情练达即文章"，这不仅是鲁四老爷一己的信条，更是古代绝大多数儒者中正平和的处世心态。就今天而言，笔者以为可作为社会史研究领域的一句座右铭。

当然，对做学问来说，永远是建设者难为功，而批评者易为言。笔者提出以上种种，实在是出于对《嫁妆》的喜好。在自己的研究中，很可能类似情形也难免。因此，希望同时能以此自勉。

原载《中国社会历史评论》第 10 卷
天津古籍出版社 2009 年版

文体与语体

——读《林村的故事》

也许受到台湾同行在跋中的提示，此间也有学者认为黄树民著《林村的故事》(生活·读书·新知三联书店 2002 年版)是"一种实验民族志的文体实践"(彭兆荣：《实验民族志语体》，《读书》2002 年第 9 期，第 99～104 页)。对此笔者稍有保留意见。当然笔者十分赞赏这本著作所取得的成绩，钦佩作者所做的努力，但笔者并不认为它的贡献在于一种文体的突破。

以文学的语体反映人类学研究成果，这本书显然不是首创。而且，从以前习见的不突显观察者的叙述方式(如杨懋春：《一个中国村庄：山东台头》)发展到以观察者位置很明朗的对话的形式进行叙述，如果我们留意一下文学叙事方式的演进，这一点虽然赏心悦目，却不值得我们大惊小怪。或者不妨说，这是人类学叙述方式演进的一种逻辑必然，作为一个高水平的研究者，该书作者把握住了发展的趋势，如此而已。

　　笔者更愿意称赞作者在事实层面所展现的内容，这些内容显然更应该成为关注的焦点。笔者从一开始就震撼于该书所蕴含的力量，因为它是那样贴近地反映了乡村的生活。当然笔者这样措辞主要是基于一种感觉，并不是笔者也曾有过与该书作者相同的体验。——正是这一点，体现了该书的学术价值，设若它所展现的内容与笔者经历的或其他人描写的完全一样，那它也就丧失了存在的必要。妙就妙在该书描写出来的林村与中国其他地方（尤其南方）的许许多多村庄有同有异，作者的想象经叙述者的校验有对有错，在这同异对错之间，让我们对乡村生活的认识得到修正。例如当地人对于风水的认识，当地土改的实施情形，当地20世纪60年代的婚俗，当地70至80年代的社会问题，当地分家的习俗，等等，这都是我们从其他资料中很难看到的。而且迄今为止，还没有任何一位国内的人类学家（或其他学家）能够为我们提供类似的标本。

　　然而也正是从事实的层面，笔者对该书的部分内容持有疑问。不过这种疑问很难展开予以讨论，因为其中有些可能出自叙述者的认知，作者不过是如实记录。如第91页："按照官方的说法，'文化大革命'是1966年3月，我获准入党的那个月开始的"。第87页又讲道："等到1966年3月，'文化大革命'爆发之后。"前后两次相同的表述，反映的也许是叙述者的观念。但另外有一些则显然是作者对于所记录的内容还缺乏足够程度的了解。如第40页："富农、旧地主、前朝官员、罪犯、还有反革命分子，这些人统称'坏分子'"；这应该不是叙述者的问题。"地、富、反、坏、右"作为并列的身份分类，凡经历过那个年代的都记忆深刻，笔者不认为叙述者对此会出现丝毫的偏差。又如第73页："1964年9月或10月间，乡间酝酿着新的政治运动。"揆诸当时的实情，政治运动哪有在乡间"酝酿"的可能？

类似情形在该书中为数颇有不少，而进一步引起笔者思考的，是作者在叙述过程中经常采用了过于雅致的书面语言。如第95页："在此之前，因为我的业务涉及大队行政工作，我又再次站在一个适当的角度，容易探知'文化大革命'对林村内部和附近区域的影响"；"作为旁观者，我开始了解并且欣赏中国的政治运动的荒谬性。它总是以时兴、理想化，又简单明了的口号为包装，由几个政客燃起青年心中的热忱"。很难想象，这样文质彬彬的语言竟出自一个大队书记之口。而既然如此，作为一个对事实有着执着追求的读者，笔者不能不疑惑究竟哪些内容是叙述者的原料，哪些是记录者自己的添加。

这里面当然有一种苦衷。从口语，尤其是从与普通话有着相当距离的闽南话的口语整理出一个外地人可以解读的文本，语言的失真是完全不可避免的事。何况其中还经历过一重翻译。显而易见，有相当多的较为奇特的表达是翻译者没有尽到应尽责任的。如第122页："这表示我虽背负着四清的烙印，但是高层干部已经不太在乎了"；所谓"高层干部"其实不过是"上级干部"。

第 194 页的"家庭计划运动"，本应译作"计划生育"；第223 页称"在乡下招募党员"，"招募"应该译成"发展"。这些都是此间已经约定俗成的表达方式，翻出来似乎不存在太大的难度。

看起来译者有一个倾向，即尽量不恢复讲述者语言的本来面目。以致第 211 页"有权不用过期作废"这样的熟语要译成"有权不用，逾期作废"，"过"与"逾"一字之异，活语言便变成了呆文字。而偶尔用上的一两句俗语，也令人不胜南辕北辙之慨。如第 222 页的"门儿都没有"，活脱脱是一句鲜活的语言，但译者大概没有想到，这句话本来是北方的方言，闽南人口头不大会用的。

即便如此，由翻译造成的障碍并非不可逾越。由此笔者便感到有不少地方其实是作者在帮着叙述者进行思考，这样的努力对于一个人类学家恐怕无大必要。如第102 页："'文化大革命'充满冲突与仇恨，是近代史上最疯狂的时间之一。政治狂热对人性的伤害非常大。"尽管作者多次反复强调叙述者具有令人惊讶的批判能力，但笔者仍无法相信以叙述者的知识背景能将批判引发到如此高深的一个水平。当然这一点不可能去进行现场检验，只是读过之后心中免不了疑虑：这，会是林村人说过的话吗？

好在这样的疑虑尚不至多到令人无法忍受的程度。

原载《中国学术》第 **4** 辑

商务印书馆 **2003** 年版

环境史研究的核心价值

近年的环境史研究真可以说得上高唱入云了。作为一个历史地理学者，常被问到这样一个题目：环境史跟历史地理有什么样的关系？历史地理研究的是历史时期的地理，其中历史自然地理包括气候、地貌、水文、生物，等等，历史人文地理则包罗更广，举凡政治、经济、社会、文化等一切具有空间变化的人文因子通通都在考察之列。可以说，历史地理不折不扣地就包含着一部环境史，无论是自然地理环境还是人文地理环境。既如此，环境史还有什么存在的必要呢？

近读赵珍教授新著《资源、环境与国家权力——清代围场研究》(中国人民大学出版社 2012 年版)，对此颇有一些感受。

赵著包括五个主要部分：清代围场行围制度、清代围场体系与自然资源特征、围场资源管理、围场政策演变与资源调控、围场资源再分配与村镇体系。其中，除第一章算是一种制度性的探讨，其他都是令历史地理学者十分着迷因而经常从事的课题。然而笔者在拜读过程中，得到的是一种前所未有的阅读体验。

如果按历史地理的做法，讨论这样的课题，首先一般会统计、列表、画图，用数据、地图把清代围场体系及其自然资源的变化过程，行政变迁过程，村镇聚落体系的形成过程等逐一揭示出来；在此基础上，再对与围场、资源相关的政策法规以及一些典型案例做一些探讨，基本上就差不多了。赵著的做法却大异其趣。该书当然也应用了相当多的统计表格和地图（包括一些清代的地图），但这方面似乎并不构成其工作的重点。作者最关心的始终是制度层面的东西，也就是该书正题所揭橥的"资源、环境与国家权力"，特别是其中的资源分配。无论是讨论清代围场的行围制度，还是复原围场体系及其自然资源的变迁过程，在在都贯穿了这样一根红线。如果说，该书对于清代围场环境及自然资源状况的描述精度从科学角度还存在进一步提高的余地，那么，该书中展现出来的人的因素、对人与自然环境关系的展示大大超出了笔者的预期。

显然，作者无意于做出一部纯客观的自然环境变迁史，而是想做出一部旨在探讨国家、地方与居民之间密切互动的环境制度史。

事实上，地理学也十分重视人的因素，特别是人文地理学复兴以后。现在有些人文地理学家简直已经"人文"得像哲学家了。近年来，由于国际地圈生物圈计划（IGBP）、全球环境变化人文因素计划（IHDP）等国际学术合作的推动，地学界特别重视人类在制度（Institution）层面对自然环境施加的影响。笔者浏览过一些这方面的工作，平心而论，相比赵著，地理学家要做的工作还有很多。

也许笔者孤陋，总觉得以往的环境史研究比较偏好于做一些局部、微观、幽深的研究。那种研究有助于揭示人与自然环境关系之微妙，有裨于发现和提炼新的问题，但是，一个较消极的观感是似乎缺乏总体，难成局面。例如，某村居民的环境意识，如果要探讨一下，不错，有意思；可是，这种探讨到底对人类所面临的环境的整体有多大意义，实话说值得怀疑。毕竟，环境是一个宏观、巨量且具有一定自我修复能力的复杂整体，必须有一些宏大叙事，才能把握住人与自然关系的主题。

就这一意义而言，赵著的工作着实算得上清代北方环境史的宏大叙事。清代围场壤地辽阔，从今北京南郊、河北承德绵延至今东北三省大部。其中的环境变迁，则由原先的封禁以专供狩猎的山林景观，渐次而演替为定居耕作的农业景观。贯穿于当中的主要驱动力，则是资源(珍稀动物、土地)配置及国家的宏观调控。赵著将京郊的南苑围场以及塞外四围场(盛京、吉林、黑龙江、木兰)视同一体，对其进行全局式探讨，从技术角度讲，势必舍弃一些细节、间接的叙事。例如，与清中后期东北自然景观相伴随的是波澜壮阔、可歌可泣的移民(俗谓之"闯关东")，这一问题在赵著中几乎很少涉及。但是，该书对理解所讨论区域的清代历史，营造了一个全景式的氛围。

举例说明。历史地理对于一个区域的把握首先总是从行政建置入手，因为这既是一个地区社会发展、变迁的骨架，同时也是历史资料定位的坐标。我们知道在清末建省以前，东北是由几个将军分区统辖的。这中间200余年，那个地区的状况如何，从以往的历史地理论著中只能得到一些想象的支点。而通过赵著的叙述，东北三省在那个时段便显得有血有肉。环境、生态系统、资源、景观、行政管理、制度，以及这背后的利益博弈，环环相扣，逻辑链分明。这是笔者在拜读和消化该书过程中感到最为愉快的一点。

毫无疑问，要从事这样的宏大叙事，对作者的知识背景无疑是一个严峻的挑战。与环境有关的研究就这样，横穿文理，纵贯古今。以往看一些环境史的微观研究，总不免让人误会环境史对于环境科学的需求并不太大；从赵著中可以看到，要写出一部震撼人心的环境史，对作者的要求其实非常高。拿它与历史地理相比，即使不说要求更高，至少并不低多少。

当然，笔者也有一些意犹未尽——因为赵著涉及的主题大、牵涉的问题多，因而它给人提供了大量的激发和思考。赵著在导论中提到了可持续发展、资源利用的代际公平等概念，可是在阐述中，对这些理论问题回应得不多。也许作者觉得提出供读者思考就已经足够，不过笔者还是希望在将来看到作者的正面阐释。

以前看一位前辈的口述，谆谆告诫历史学的核心是时间。现在想来，如果只有时间而没有人，恐怕也很难成为历史。这是笔者拜读赵著后对自己工作的一点反思。

原载《中华读书报》2012年6月20日

评《东汉政区地理》

　　对历代政区地理有所了解的人可能都明白，选择东汉政区地理这样的研究课题，处境颇有点像宋人作诗。钱锺书先生曾经在《宋诗选注》的序中说过："有唐诗作榜样是宋人的大幸，也是宋人的大不幸。"(人民文学出版社 1958 年版，第 13 页)其所谓幸，指的是有唐诗这个好榜样，可以在技巧和语言方面省去许多探索之苦；而所谓不幸，则是面临着唐诗辉煌成就的挑衅，不得不付出更大的努力。对于做东汉政区地理，其前面那座唐诗似的高峰便是周振鹤先生的《西汉政区地理》(人民出版社 1987 年版)。

　　《西汉政区地理》是周先生在谭其骧先生的指导下于 1983 年完成的博士学位论文。10 余年来，该书虽然未在社会上产生重大影响，就是在学术圈内认真读过该书的人也不会很多，但在历史政区地理的专业范围，它一直是一个无可回避的技术标准。从事任一朝代的政区地理研究，都须尽力做到像该书那样：纵的方向每个政区的来龙去脉都一清二楚，横的方向每个年份的政区状况都一目了然。尤其是东汉，自来人们都将它与西汉并称，以为它的典章制度与西汉差不多，现在西汉的政区地理已经做到了那个程度，如果东汉的做得不足以踵其武，那么就会显得特别难看。

但东汉与西汉的政区变化客观上存在不少差异。首先是西汉的政区变化非常显著。从西汉初年到末叶，仅郡国级的政区数量就增加了一倍有奇，这么大的变化，里面是大有文章可做的。相比之下，东汉的政区变化在相当长的时段内波澜不惊。东汉末一段时间政区变化的波澜是起来了，但却显得非常混沌，远不如西汉有序。西汉的政区变化在空间上可分为三块，其一是东部的高帝末年十王国地区，这里的变化错综复杂，令人眼花缭乱；其二是高帝自领的西部十五郡，这里一直没多少变化；其三是武帝新开的西南、西北、岭南、东北四边，这里的变化自成体系。这三类地区的政区变化过程在空间上形成强烈对比，相比之下，东汉的政区就不存在这样的变化。

不光是政区变化过程不同，在资料方面，东汉、西汉也有重大的差异存在。这里面又有两点。其一，《汉书·地理志》的政区资料断限在汉末元延绥和之际（公元8年前后），而《续汉书·郡国志》的断限大体在东汉中叶的永和五年（公元140年）。就是说，西汉的政区演变到《汉志》的时候，已经趋于相对稳定，因此做西汉的政区地理研究，可以使用逆推法，从末年一步步复原到汉初；只要逆推的过程能够成立，也就复原了西汉政区演变的全过程，顺带还可以解决秦代末年的政区问题(这一问题也是让历来许多学者感到困惑的问题)。对东汉而言，《续汉志》以前的这一时段也可以采用类似的研究方法，但此后的 80 年政区演变方殷，却没有一份共时的政区资料以为参照。正史中的《三国志》其实是没有"志"的，更不用说"地理志"。针对这种情况，研究的方法只好采取"顺藤摸瓜式"。看起来一种是"推"一种是"摸"，好像"推"的方法近乎演绎而"摸"的方法近乎归纳，实际上后者比前者更近乎演绎，其研究难度更大。因为逆推的过程中对政区演变的结果是心中有数的，所未知的只是演变的过程及原因而已；而"顺摸"的过程就连政区演变的结果都茫茫然，仿佛摸着石头过河而不知水的深浅，在这种情况下要谈什么"政区演变的过程及其规律"是有点奢侈的。

其二，对西汉的政区演变过程进行逆推，其演变最繁复的高帝十王国地区有一个钥匙。自来人们读《汉书》，对于《王子侯表》至多不过把它当作一份家族谱系资料，很多人甚至一眼跳过去根本不读；周振鹤先生在深刻理解"推恩令"——这一点受到了清儒钱大昕的启发——的基础上，硬是把它读成了一份西汉诸王国的"封域削地表"。掌握了这一钥匙，就足以开启高帝十王国地区政区演变迷宫之门；而打开了这扇门，也就攻克了西汉政区演变全过程的核心。受到这一智慧的启发，有人试图对东汉的政区资料也进行类似检讨，但上下求索，均未能找到替代的指标。这无疑为东汉的政区地理研究又增加了难度。

面临如此巨大的压力和难度，李晓杰先生的《东汉政区地理》(山东教育出版社 1999 年版)一书应该说是做得令人满意的。

该书开头是一个分三节的引论，界定该书的研究范围，给出东汉郡国级政区变迁的总体结论，并交代得出这一结论的研究基础；之后分十一章，按地域依次为"司隶校尉部及豫州刺史部所辖诸郡沿革"，"兖州刺史部所辖诸郡沿革"，"青州刺史部所辖郡国沿革"，"徐州刺史部所辖郡国沿革"，"冀州刺史部所辖郡国沿革"，"幽州刺史部所辖诸郡沿革"，"并州刺史部所辖诸郡沿革"，"凉州刺史部所辖诸郡及西域都护府沿革"，"益州刺史部所辖诸郡沿革"，"荆州、交趾二刺史部所辖诸郡沿革"，"扬州刺史部所辖诸郡沿革"；此后为附篇"新莽东汉易代之际各地域性政权势力范围考述"，其中又分四章，即"更始政权势力范围"，"豫、兖、青、徐、冀诸州地区各地域性政权之势力范围"，"并、朔、凉三州地区各地域性政权之势力范围"及"益、荆、扬三州地区各地域性政权之势力范围"；最后是三个附表："东汉郡国建置沿革表"，"东汉初期县邑省并及复置表"，"《汉书·地理志》与《续汉书·郡国志》同地异书表"。全书不含序共 381 页(其中 3 个附表占 84 页)，并绘制有 21 幅地图。

该书令人满意之处大抵可分三点言之：第一点，对东汉政区的复原堪称系统而完整。该书的研究时段上起新莽东汉易代之际,下迄建安二十四年(公元219年),不仅完整地包括了东汉一代,而且还上承《西汉政区地理》的研究,弥补了两汉之间的时间缺环,下含事实上已形成三国割据的20余年。这其间每个郡国级政区的首尾都有所考述,分辨率精确到年,达到了该研究领域的前沿水平。

由于工作系统而完整,该书可以纠正不少对于东汉政区的传统误解。例如,过去很多人认为东汉的政区基本上秉承西汉旧制,在中前期相当长一段时间内缺少变化,现在通过该书我们可以看到,在章帝建初四年(公元79年)各诸侯国领域曾发生过一次较大规模的变动。这是共时性的。从历时性的角度而言,该书对于下邳王国领域的考证,修正了前人以为下邳国即临淮郡后身的说法,指出早在临淮郡存在之时,已经有一个下邳国存在。而从制度方面来看,两汉更是有一些显著的差异。至少,不像以前某些人所想象的那样简单。

笔者想着重评述该书的分辨率问题,或许有些人不大明白"分辨率精确到年"这一工作的意义。很多人对于现今的行政区划,尚不难理解时效的价值,但对于历史上的政区,也许是时代悬隔的缘故,对其时效便不甚措意。我们可以注意到在谭其骧先生主编的《中国历史地图集》问世以前,中国人绘制的所有历史地图都是没有严格的时效观念的。就是在"文化大革命"期间推出的该图集的内部发行本(1974年)中,也还出现了为显示唐朝的强盛而故意将其未曾同时拥有的东、西部疆域拼入同一图幅的局面。这可以反映中国人对于历史政区时效观念的整体水平。在相关的学术研究中，由于忽视政区时效而令人啼笑皆非的例证可谓俯拾皆是。例如，20 世纪70 年代长沙马王堆汉墓中的地图出土之后，有位著名的历史地理学者为研究该图所牵涉的长沙国问题，竟直接利用《汉书·地理志》所载的长沙国为说，毫不介意图中所示为汉初情形而志中所载已在西汉末年，后者疆域不及前者之半。专业的历史地理学者犹有如此疏忽，其他人自是不必说起。

指出这一点笔者并非想责备前人，恰恰相反，在此要说明的是，在以前那种研究条件下，即使有人具备对历史政区的时效观念，也往往找不到可用的参考依据。我国的文献典籍十分丰富，但关键时候每每令人有"书到用时方恨少"之慨。在二十四史中，有地理志的只有16 部；照理这 16 部地理志是每部都应该有一个时间断限的，但实际上断限很不严格，很多志的断限年代都不明确，需要读者自行揣摸，有些志甚至根本找不到断限年代。清代以来出现了若干补志之作，这种工作带有研究或资料整理的性质，但在时效观念上较之 16 种正史地理志并无进步。80 年代后出现了谭其骧先生主编的《中国历史地图集》，该图集对政区的时效已十分严格，但每个朝代只给出一两个标准年份，只能满足最基本的需求。如果有人想了解不在标准年代的政区状况，仍不得不自己动手去进行爬梳。以往历史地理专业的研究生在做论文之前往往须为此耗费数月。

不过自从《中国历史地图集》问世之后，我们看到了这样一种可能：由专业的研究者将历代的政区变化都制成年表，读者需要了解任一年份的政区状况或任一政区的来龙去脉都可以从表中一索而得，顶多去复核一下制表的依据是否充分——当然，与此相辅，最好还是绘制出具有精确时效的动态地图。由此，我们有理由要求以往那种通代政区地理的研究模式成为过去，而断代的政区地理研究则以此作为准绳，达不到这一要求便不得谓之及格。从这一要求来说，李晓杰的《东汉政区地理》已达到了，所以笔者说这一点是令人满意的。

第二点，从论据方面看，该书对资料的利用是堪称充分的。其中虽然没有孤本秘籍，也没有域外奇货，但就现有资料而言，该利用的都已经用到了。

该书所用的资料，除《汉书·地理志》《续汉书·郡国志》之外，大量的是各种史籍中的只言片语。作者对《后汉书》《三国志》《华阳国志》《水经注》以及其他有关史料，包括子史集部中的相关信息做了一番全方位的清理——自然，文物考古资料也已包含在内。东汉末有些内容因当时文献不足征，作者不得不主要依靠南北朝乃至唐宋的史料。如第 203 页考证襄阳郡的析置，利用的便是《宋书·州郡志》《晋书·地理志》《元和郡县图志》和《太平寰宇记》的记载。

平心而论，将这些只言片语搜集起来并非一件不得了的事——无非是个"劳"字而已，这是做研究的分内之事；"功"在于对它们的考证、运用和组织。因而该书令人满意的第三点是作者在研究过程中所表现出来的分析判断能力，即见识。

自清代以来，对东汉政区多少做过一些考证的学者不知凡几，值得重视的至少有钱大昕、吴增仅、谢钟英、杨守敬、任乃强诸家。这些人的成绩都灿然可观，钱大昕尤为不世出之人物，但总体而言，前人的工作较之此书都已逊色。这里面的原因，一方面是学如积薪，此书奠基在前人所有工作的成绩之上。尤其周振鹤先生的工作出来之后，历史政区地理的研究已经跃上了一个新的台阶。如今搞政区地理研究的人，不仅可以在理念上较之前人有更深刻的把握，而且还可以借鉴周振鹤先生提出的一套可名为"总体考证"的研究方法。即，相互关联的若干现象，有些表面上看来于史无征，零星地求证得不出解，如果采用整体的观念系统地分析，找出现象之间的联系，那么无解的地方往往可能有解——至少，可以排除一些别的可能性。用这一方法于无字处读书，境界较前人已日新月异。同时，另一方面的原因是李晓杰先生具备站在前人肩膀上的能力，他能够准确地理解和借助这些新近的学术进展，在研究中对前人所做的各种零星工作——就东汉而言前人的工作都是零星的——重新审视，肯定其成绩，纠正其错误，从而建立自己的体系。

不妨举例说明。阜陵国的领域，自来是治东汉政区的一大难题。东汉在明帝、章帝时曾两度设置阜陵国，其存在时间为公元 73—76 年，87—145 年、147—206 年，就是说，东汉大部分的时间里阜陵国都是存在的，但它在《续汉书·郡国志》里却无载。既如此，它的领域也就成为一桩无头公案，以至于《中国历史地图集》的东汉图幅对它未予标示。不仅如此，它还牵涉到对《续汉书·郡国志》以及对东汉政治制度的理解等一系列问题。过去治后汉的人，对此问题都避而不谈（不可能没有注意到），仅钱大昕指出了问题而未予解决。李晓杰先生在此书中，综合运用了多种手段，分两个时期对阜陵国的领域进行了考证。在对公元 73—76 年阜陵国的考证中，他先是证明了当时的阜陵县仍在今历阳以西的西汉故址，纠正了《中国历史地图集》中的定点错误，然后根据《后汉书·阜陵质王延传》中"食二县"的记载，运用总体考证的方法求出了阜陵之外的另一县当为浚遒。对公元 87 年之后的阜陵国的考证，更是显示了李晓杰先生于无字处读书的功力。他根据《后汉书·阜陵质王延传》中"增封四县"以及"徙都寿春"的记载，通过对东汉诸侯王国设置规则的把握，确定其中有寿春、阜陵二县，又运用总体考证的方法求得其余三县为成德、合肥、浚遒。这样，阜陵国的领域得到了一个最为理想的解决方案。

无疑，运用总体考证的方法特别需要审慎，否则"高明"就会等同于"谬误"。在这一方面，该书同样令人满意。我们可以注意到该书有多处阙以存疑的处理。就是在对阜陵国的考证中，尽管论证已经是那样符合逻辑，但由于缺乏明确的史料记载，该书仍给出了一个存疑的另一说——或许《续汉书·郡国志》时期的阜陵国所领并非五县而只阜陵一县，这一说同样有逻辑支持。史实究竟如何，我们只有期待将来有新的资料出土了。

要之，如果让笔者用一句话来概括上文，那就是：别人能够做到的成绩，此书已经做出来了；此书没有解决的问题，别人同样解决不来。——做到这个份上，应该说已经入了"优秀"的范围。

但是该书也有一些不能令人满足之处。自来人们著书，常有"铜头铁尾豆腐腰"之憾，尤其时下某些皇皇巨著，只有"头""尾"而没有"腰板"；该书的以上三点已经构成了一个很硬的"腰板"，但其"头""尾"的功夫还有所欠缺。

所谓"头"指的是该书的导论。笔者以为，像这样一个导论，应该站在学术史的高度对政区地理的已有研究成果做一番中肯的评述，提出理论预设，为自己的工作找到一个合适的位置——至少为读者理解自己的工作提供一些方便。该书在这方面应该说意识是有的，其导论第一节"本书研究的对象"论述了历史政区地理研究的两个发展阶段，并分别以《中国历史地图集》和《西汉政区地理》为代表进行了分析，后面还提到了胡阿祥的《六朝疆域与政区研究》，翁俊雄的《唐初政区与人口》《唐代鼎盛时期的政区与人口》，靳润成的《明朝总督巡抚辖区研究》四本著作。但笔者觉得这些论述失之过简，尤其后面的四本书，该书仅以"皆在不同程度上添（按：当作"填"）补了断代政区研究中的诸多空白"一语带过，没有尽到应尽的责任。这里面，胡著尚未见到，姑不论，翁、靳两位的三本著作是不可以等量齐观的。

靳著研究的明代总督巡抚辖区并不是正式的行政区划，它的意义很特别。该著以《明实录》中的资料为骨架，结合其他大量文献，做得确实很出色，无论资料或结论都很到位。相比而言，另两本著作则很难给人以同样的感觉。翁先生将政区和人口这两个专业性都很强而彼此联系却较弱——准确地讲是考证政区可以基本上不管人口而研究人口则离不开政区——的两个问题放在同一本书中，却按时段的不同而出了两本，可见其观念中只注意到时间的一维，而对于政区的一维即每个政区的来龙去脉是注意得不够的。其学术价值也就可想而知。记得《唐初政区与人口》出来之后曾有人发表书评，称其"潜研众书，发微钩沉，纠谬证实"，最终将《贞观十三年大簿》所载的358州、1551县"落实了三百五十六州及其属县"，"取得了突破性的成绩"（张泽咸、牛来颖：《〈唐初政区与人口〉介评》，《中国史研究动态》1991年第1期）。笔者猜想，这一评价可能是就书论书的结果。实际上，该书的成绩还不好称作"突破"。在其之前，曾有人就《贞观十三年大簿》做过工作，只不过未讨论各州属县而已（严耕望：《括地志序略都督府管州考》，见《唐史研究丛稿》，新亚研究所1969年版）；况且，该书所"落实"的"三百五十六州及其属县"还有一些不能作数。笔者曾在学习过程中碰到岭南潘、牢、禺三州的问题，该书便未能解决（参见拙文：《唐代岭南道政治地理二题》，《学术集林》卷12，上海远东出版社1997年版）。笔者以为，还不如将唐初、唐代鼎盛时期两本书的时段打通，按政区和人口各出一本，那样可能更有利于讨论的深入。

笔者尤其对李晓杰先生所谓的"空白"一词感到无谓。多少年来这个词已成为评价学术成绩的流行话语，有时它指的是某某课题压根儿没有人做过，而有时所指不过是前人没有出过类似题目的论著而已。近年更有一种专门抢占"空白"的"学者"，在研究基础非常薄弱甚至毫无研究基础的情况下草草抛砖引玉，不特成绩全无，反而把一些很漂亮的选题糟蹋了。这样即使把"空白"填补了又有什么价值呢？

接下来说说"尾"的问题。笔者觉得，像东汉政区地理这样的课题，在正文的研究做出来之后，还应该就相关的政治制度做一番探讨，并且与西汉进行比较，这样不仅可以使文章锦上添花，还可以为相关课题的研究提供帮助。这也是历史政区研究应该贡献于整个历史地理乃至于整个中国史领域的地方。该书在行文中时常就此类问题有所发明，如第221页讲道："东汉所置诸侯王国之名或易原汉郡为同名王国，或采王国境内某一县之名而为该王国之名，如平春国、西平国等等"；第209页提及"犬牙交错"原则在政区划界中的运用。但这一类的讨论未能辟为专篇，总令人有意犹未尽之感。如第202页引《后汉书·彭城靖王恭传》载："建初三年，徙封江陵王，改南郡为国。元和二年，三公上言江陵在京师正南，不可以封，乃徙为六安王，以庐江郡为国。"其中，为什么"在京师正南"便"不可以封"，笔者觉得还可以再做些文章。

原载《中国学术》第3辑

商务印书馆2000年版

给地理插上人文的翅膀

20多年前，大学读了一半多的时候，地质、地貌、气候、水文、植被、土壤等部门自然地理已经学完，接下来转入综合自然地理以及中自、世自等区域自然地理的学习，与此同时，也搭配着学习经济地理概论、中经、世经三门经济地理课程。老师们说，现在的地理学发展很快，已有不少学者主张，地理学除了传统的自然地理、经济地理，还应该包括人文地理；更有一些激进的学者甚至主张，地理学应该就分为自然地理和人文地理，经济地理不过是人文地理的一个分支。

现在我们已经看到，人文地理在地理学中已经占据了足够的地位。它已经取代经济地理，与自然地理一道成为地理学的两大分支之一。不仅分庭抗礼，在一般的话语中，几乎有将自然地理逐出之势。过去我们看到的地理，总归是先位置，后气候、地形、河流，然后是矿藏、物产、交通、工农业、政治文化中心，再然后完了。而现在呢，很多以前的必要内容看不到了，无限弥漫的是风土人情，甚至观察者个人的感怀。

应该承认，这是一种进步。地理学又像中国的传统时代那样，重新贴近了我们的日常生活。从本质上讲，地理学不是象牙塔里的东西。它是我们生活中的工具，我们与这个世界发生联系过程中的媒介。它是人类知识金字塔的一个底座，其中很多是不可一日或缺的常识。我们大可不必担心人文地理发皇之后自然地理会因此而衰落，不会的，真正的自然地理从来就是供少数人研究，并将此研究当作职业并奉献热情的工作，社会需要它，所以它必会前进。只是没必要让太多的人成为那样远离生活情趣的地理学家而已。

如果说现在的人文地理在发皇过程中还存在着缺憾，个人认为较突出的是缺乏足够的历史感。现在的人文地理从业者就气质来说大多属于科学家——研究人文现象的科学家，他们很注意对相关人文社会科学的吸收借鉴，却很少引入历史的视角。或许是因为另外有一些人专门在研究历史地理的缘故吧。但事情的复杂性也就体现在这里：人文地理面对的虽然是现代视野中的地理事象，但因为它是人文的，所以往往也是历史的。例如，城市化过程是一个再现代不过的人文地理问题了，可是，各区域原有的城镇体系，却是历史遗留下来的。这且不说，各地在近数十年城市化急剧发展过程中出现的问题，按说这是崭新的问题，可是，崭新的问题背后深藏着的却是一道历史的走向。同样是城市吞噬农村，在珠江三角洲出现了引人注目的"城中村"问题，而在长江三角洲，在其他地区，类似的问题却并不突显。如果说这中间有什么因素在起作用，除了问历史还能问谁呢？这个现象虽然是一个纯而又纯的现代地理现象，但实在是一个从区域社会历史中生发出来的问题。

要解决人文地理中的这一类问题，最好当然是人文地理学家本身有足够的历史修养。但这不现实，也不够人道。人生也有涯，而知也无涯，人文地理学家总还有更值得他们花力气去做的事。因此，笔者认为，从现实的角度考虑，最好还是加强不同领域之间的协同互济。解决历史时期地理问题的不是有历史地理吗？那么好，可以将人文地理中的历史问题交给他们。这样既节省人文地理学家的精力，也能给历史地理带来新的发展。如果能那样，我们会看到，那样的人文地理将更加丰富、深沉，更加人文。

当然这只是问题的一个方面，还有另一个方面。近20余年人文地理与相关人文学科的深度渗透，已经出现了一幅很美妙的图景：人文地理的发皇能大大推进其他学科向纵深发展。例如文学，按理它不像城市、经济等那些落实在地面上的东西，看起来好像与地理缺乏一种必然的联系，然而不然。当我们要对一些文学现象进行深入探究的时候，地理实在是一只看得见的手。作家的思维方式不可能摆脱其成长的地理环境的制约，其语言习惯或多或少都会带着母方言的影响。尤其当面对一些古代文学作品时，甚至作品中的地名、空间意蕴往往都有重新探讨的必要。以往地理学家很少介入文学研究，而文学研究者为此大伤脑筋、非常吃力，效果却并不怎么样。可以说，没有不犯低级错误的高手，在这方面。

　　指出这一点并不是为了逗笑取乐，恰恰相反，正好可以借此说明人文地理的路还很长，用一个古老的成语形容：任重道远。只是，正如我们对生活的信念一样，任重不一定要步履蹒跚。我们可以在人文地理的空间中，自在而快乐地走着、跳着、飞着，给地理插上人文的翅膀，为人文厘清地理的舞台。

2007 年 12 月 10 日

这是一个最好的时代

回顾中国历史地理学发展的历史，80 多年来，基本上走了一个"之"字形。

1934 年，顾颉刚先生与谭其骧先生发起成立禹贡学会时，提出要将传统的沿革地理改造成为现代的历史地理学，当时急需的是地理学的技术手段和思想资源。抗战中，史念海先生在重庆与顾先生讨论历史地理学该如何发展，顾先生指出当务之急是要向地理学学习。显然出于同样的考虑，抗战后侯仁之先生留学英伦，学的就是源自地理学的历史地理学。50 年代，在侯、谭、史三位先生的引领下，主要在地理学的支撑下，历史地理学得到迅猛发展。可以说，直到这个时期，沿革地理向历史地理的转变才真正实现。现代历史地理学的各主要分支渐次展开。

历史地理学与沿革地理的第一道分水岭是研究范围的变化。沿革地理作为传统史部的一个门类，基本上只研究历代疆域政区沿革，此外虽兼及都邑、河渠，但并不占重要地位。历史地理学作为现代地理学向后的部分，它的观念结构是按照地理学的思维体系展开的。很多沿革地理不涉及的重要领域，如历史自然地理、历史经济地理，在 50 至 60 年代，开始成为历史地理学引人注目的骨干组成部分。

第二道分水岭是研究精度的变化。沿革地理研究的目标是知其然，而历史地理的研究则要知其所以然。谭先生在《长水集》自序中提到其 1962 年发表的《何以黄河在东汉以后会出现一个长期安流的局面》，他自以为这才是一篇够得上称为历史地理学的研究论文，原因就是其中包含了关于黄河历代河患原因的探讨。事实上，即使疆域政区研究，研究精度也发生了革命性变化。沿革地理虽然研究疆域政区的历时性变化，但它只关注单个政区，而并不在乎同一时间层面上各个政区的并列状况。1955 年，谭其骧先生主编《中国历史地图集》，采取对每个朝代设置标准年的做法。这就将传统的疆域政区研究提升到了政区地理的高度。

然而，从 50 年代到 70 年代，历史地理学迅猛发展的背后并不是没有问题。1979 年 6 月，中国地理学会在西安召开"文化大革命"后第一次历史地理学术会议，会议后期各单位提出近期的研究计划，当年禹贡学会会员、时任中国地理学会副理事长的郭敬辉先生在闭幕式上说："历史地理学的规划，在科学院不好列入。科学院主要是自然科学，国家科委也是自然科学。这个学科多数研究领域属于社会科学，应纳入社会科学的规划。希望历史所的同志回去反映一下，如能在社会科学院内建立一个历史地理研究所，一些事就好办了。"(《中国地理学会全国历史地理专业学术会议会刊》，中国地理学会 1979 年版，第 10 页）可见在当时主流地理学家的概念中，历史地理学的发展并不完全是地理学的事，还牵涉到与历史学及相关人文社会科学的互动。

80 年代，在文化复苏的大背景中，历史地理学出现了短暂的与史地两界均保持互动的良性局面。进入 90 年代，单一的学科管理模式从体制上切断了历史地理学与地理学的联系，导致其发展出现了向历史学一边倒的倾向。

就学科的健康发展来说，无论是倒向地理学还是倒向历史学，向任何一边倾斜都是不行的。历史地理学本来就是一个以时间、空间和所研究对象为轴线而构成的三维思维体系，缺少或过于强调任一维度，都会严重影响这一思维体系的成立。五六十年代，侯、谭、史三位先生强调历史地理学是地理学的一部分，我揣测，他们的意图应该主要是强调历史地理学理当具有本色当行的地理学思维方式和研究能力，绝不意味着对于史料以及历史学研究方法的轻视。事实上，他们三位都出身于历史学，对史学的敏感早已深深地融进他们的血液，无论怎样强调地理学重要，都没有也不可能带来消极影响。这是那个独特的时代背景所决定的。从这一意义而言，90 年代以后将历史地理学单一地划归历史学，就出现了一些负作用。有些对历史地理学了解不深的人，常常会质疑地理学在历史地理学发展中的作用。

所幸的是，时代不同了。80 年代以前，中国地理学的发展基本上停留在计量革命以前的阶段。那个时候地理学对于历史地理学的支撑，主要表现在科学理念层面；至于资料和方法，有一些，但有限。具体工作中，从收集资料到分析资料、解决问题，用的主要还是传统历史学的那一套。唯其如此，有些专题工作对于地理学的需求，事实上并不高。一些历史学者只要选定一个历史地理的题目，仍旧像做历史学一样地做，也可以做出一些历史地理的研究。

90 年代以来，由于 GIS 技术的发展，地理学对于历史地理学的辐射力，大大地提升了。这一辐射，首先是从表达层面，继而上升至资料处理层面，再上升至资料的分析和收集层面，再扩大至资料范围层面，再推进至问题形态层面，可以说，由技而进乎道，从很大程度上重塑了历史地理学的研究理念。历史地理学研究从文献描述阶段一跃而进入大数据阶段，差不多实现了一场技术层面的革命。虽然，目前数据的产出能力与现代地理学还不可同日而语，但历史潮流浩浩荡荡，这一技术在历史地理学领域应用越来越广的基本态势已不可逆转。

毫无疑问，信息化时代的到来，让学术共同体内部的各种交流较之以往频繁、密切了许多。90 年代中叶以前，由于信息技术欠发达，大多数学者几乎处在一种"独学无友"的状态，生活节奏慢，与同行沟通不便。进入信息化时代以来，交流的便捷度、信息的可得性与之前相比发生了翻天覆地的变化，人与人之间、学科与学科之间的距离都拉近了许多。即使远隔千山万水、分在东西半球，信息分享都是瞬息间的事。

我们来到了一个前人从未梦想过的世界。

我们遭遇了一个最好的时代。

现在我们面临的问题，我觉得不仅是怎样将历史地理研究做得更好，而且是身处这样一个生命力极其旺盛的时代，怎样实现历史地理学的快速增长，提升历史地理学的相对地位。

当前这样一个信息化时代，它给不同学科带来的机遇是严重不均的。有些学科适应性好，其辐射力会成倍增长。与此同时，有些难以适应的学科其发展前景会逐渐萎缩。在这个重新洗牌的当口，历史地理学如何找准自己的定位，以最大可能赢得生机，是我们需要郑重考虑的问题。

我个人觉得，作为为地理学提供长时段支撑的一个学科，历史地理学应该紧紧跟上地理学的步伐。数十年来的经验表明，虽然历史、地理两大学科门类对于历史地理学来说都不可或缺，但相对而言，地理学对于历史地理学的拉动作用更大、更显著一些。无论是学科理念、问题意识还是资料范围、技术手段，地理学的发展速率要远远快于历史学。它给历史地理学提出的问题和挑战，相较于历史学也更为丰富。因此，我们在保持与历史学良性互动的同时，更应密切关注地理学的最新动态。

地理学是一门基于空间的科学，空间当然具有时间的属性。由于学科范式、学科训练的不同，地理学家对时间序列有很强的需求，可是一般并不擅长，需要借助历史地理学这个桥梁。除了当前与现代地理学对接得相对较好的气候变迁研究，地理学很多部门都需要历史地理学的支撑。例如文化地理，文化本身就是历史的产物，离开历史谈文化，简直是不可想象的。

此外，有些领域表面看起来似乎纯粹是空间的东西，不需要历史。但事实上，只要了解历史过程就会发现背后很多深层的东西，不了解历史根本就不能理喻。中国农业，完全就是一个巨大的历史遗产。中国的工业，看起来似乎只是较深地受到资源、交通、技术、市场等因素的制约，但在具体操作过程中会遇到一些因素，这些因素大多也是由历史决定的。这都是历史地理学的用武之地。

与此同时，历史地理学还应该利用一切可能，直接为国家建设提供服务。相比于地理学其他分支，历史地理学有一个特点是它与社会现实的结合程度不那么紧密，这就容易在一些同行之间滋生一种倾向，重视做纯学术的探讨，而轻视应用型、应用基础型研究。近二三十年，差不多也就是历史地理学在学科管理体制中离开地理学的这段时间，历史地理学同行对于服务社会这一块远不如侯仁之、谭其骧、史念海诸先生年富力强时那样积极、主动。这无疑是有失偏颇的。

侯、谭、史三位先生早就教导我们，历史地理学是有用于世的。关键在于求真知。无论哪种类型的研究，首先都要将学问做好。我觉得我们应该知行并重，坚持两条腿走路，处理好求知做学问与服务社会之间的关系。

这就需要一个开放的心态，能够容纳多元的选择。相对于其他学科，历史地理学的发展取向相对比较丰富。可以做很实用的研究，也可以做书斋式的学问；可以群策群力、互助合作，也可以纯粹自娱自乐。个人觉得，就一个学科来说，要想争取更多资源，获得更大发展，应该尽可能地面向社会，满足社会的需求，甚至应该制造需求；但就学者个人来说，则应该充分尊重个人的心性，以实现自我追求为最高目标。

上文强调了历史地理学服务社会的可能性和必要性，与此同时我们也应该看到，书斋式学问、纯理论探讨也必不可少，极为重要，是这种研究决定了一个学科的天花板。有些学科很实用，很有市场，但社会地位和学界评价并不高，究其原因，无非是其中的学术含量不够。因此，一味地强调学科的实用性，而忽视其学术深度、理论高度的话，不可能获得令人满意的增长。

改革开放以来，由于社会经济急速发展，地理学获得了前所未有的增势，几乎有疲于奔命之虞。由此也产生了一个消极影响，那就是在学科建树层面，较之此前30年似乎少有重大突破。尽管其技术能力和表现手段进步显著，早已日新月异。相比较而言，历史地理的学问比较"书斋"，承接的社会任务不多，反而有时间冷静地思考一些学术问题。因此，近二三十年来，历史地理学界虽然出成果相对较慢，也不容易产出明显的经济效益，但在学术上，它的进展却有目共睹。

到目前为止，历史地理学领域已产出一大批卓有建树的研究论著。抛开一些大型的集体项目如《中国历史地图集》《北京历史地图集》《西安历史地图集》等不论，一些学者的个人著作也成就彪炳，足以流芳百世。其中最突出的当然是侯、谭、史三位先生的著作。可以预见，这些论著对于相关学界将长期持续地发生影响，其范围不限于历史地理学以及相关的地理学、历史学领域。近年来，"30后""40后""50后"历史地理学者的学术成就也日渐为世人所知，其学术影响日益看涨。这些，已经将历史地理学的学科地位提升到了一个新的高度。

相对于80年代，当前历史地理学界虽然缺乏侯、谭、史三位先生那种量级的一个学术领袖群体，但整个学科的社会基础无疑比那时候壮大了很多。这样的形势，足以让我们信心满怀。

尤其有一点要着重指出的是，地理学是一门高度基于经验的科学。当今城市化、信息化浪潮席卷全球，各国地理学的表现越来越趋同。要想让中国的地理学表现出足够的个性、特色，本土的地理经验特别重要。在这方面，历史地理学具有天然优势。

中国作为世界文明古国的一大独特之处是它的历史文化从未间断。当前国际上的地理学，其学科范式根植于西方，对其他地区完全形成了碾压之势。过去我们总认为，中国学术相对落后，是因为中国的经济不行。现在，中国国力已经增长至世界前列，再用经济来解释学术水平，已完全不能令人信服。个人认为，这中间，首先需要提出本土的学术问题，形成一些新的学术概念。中国数千年的地理经验，作为一笔宝贵的学术财富，现在主要遗存在历史地理学领域，因此，要想让中国的地理学呈现出足够的本土特色，在很大程度上要依赖于历史地理学人的努力。

完全有理由相信，历史地理学的重要性，将随着中国国力的进一步提升而不断增长。

原载《中国历史地理论丛》2017 年第 1 期

附录 历史地理学八十年：
研究技术引领学科发展

澎湃新闻：禹贡学会成立于 1934 年，到今年正好 80 年。这中间，历史地理学的发展呈现出怎样的阶段性？

张伟然：我觉得大体可以分为四段。从 1934 年到 1954 年年初，差不多 20 年时间，是第一个阶段。尽管禹贡学会提出要将传统的沿革地理改造成现代的历史地理，但事实上，那段时间并没有改过来。1950 年教育部颁布的大学历史系选修课目中，仍列有"中国沿革地理"一课。侯仁之先生在《新建设》该年第 11 期（1950 年 7 月）上发表《"中国沿革地理"课程商榷》一文，大声疾呼应更名为"历史地理"，这才引起社会上的普遍重视。第二个阶段，大体从 1954 年到 1979 年，20 多年间，历史地理学真正进入一个分头并进的实质性发展阶段。之后，从国内人文地理学复兴（1979），到上个世纪末（1999），差不多 20 年，可以算第三个阶段。这期间，历史人文地理获得了空前的发展，而历史自然地理却相对低落。

新世纪以来，10多年时间，由于GIS技术的推动，以及一些新的学科理念的引进，历史地理学焕发出新的活力，出现了一个"中兴"的局面。

澎湃新闻：传统的沿革地理学属于史学范畴，顾颉刚先生、谭其骧先生提倡将它改造成现代的历史地理学，这属于地理学范畴。从史学范畴到地理学范畴，这样的转变对历史地理研究有什么影响？

张伟然：沿革地理是中国的传统学问，这个研究范式是从《汉书·地理志》一脉相承下来的。它的核心是历代政区沿革，从实用的角度来说，也就是历代的地名。历史地名从数量上总归有七成以上属于政区名，而且是历史地名中变化最大的部分。前辈学人讲治史四钥匙，年代、目录、职官、地理，其中的地理就是"沿革地理"。它基本上是个从文本到文本的考证过程。

地理学在中国古已有之，但中国现代的地理学，其整个学科范式都是舶来的。地理学从时间上可分为三段：研究当下的，叫现代地理学；研究地史时期的，叫古地理学；研究这两者之间，即人类历史时期的，就是历史地理学(historical geography)。这个历史地理学，就有很多过去沿革地理所没有的东西。比如，历史自然地理。过去沿革地理顶多讲一点水道，分量很轻。主要内容还是疆域政区沿革。要把沿革地理改造成现代的历史地理，思考问题的原点就换掉了。整个知识结构、提问方式和研究手段都大大地丰富了。

澎湃新闻：第一个阶段为什么没能实现这一改变？

张伟然：第一代历史地理学者完全看到了这个问题，但从禹贡学会成立，到 20 世纪 50 年代初，他们的生活一直很奔波。国无宁日，社会动荡，一直没办法坐下来好好地做研究。可以这样讲，尽管禹贡学会造出了一种声势，但整个民国年间历史地理实际取得的成绩有限，不足以支撑整个学科范式的转变。所以，才会有1950 年教育部仍将"中国沿革地理"列为大学历史系选修课目之举。

澎湃新闻：在第二个阶段，历史地理学是怎样发展起来的？

张伟然：从历史地理的学科发展来说，第二个阶段特别重要。1949 年以后，中国实行"一边倒"外交方针，学术也受到极大影响。地理学里面，人文地理不能讲了，那是资产阶级的东西；要讲经济地理。地理学的基本结构也就分成自然地理、经济地理两大部类。

1949 年以后中国地理学的发展，有个很大的特色是"以任务带学科"，很强调地理学参与国民经济建设的作用。从 20 世纪 50 年代中叶起，历史地理学形成了三个重镇。一个是谭其骧先生所在的复旦，一个是侯仁之先生所在的北大，再一个就是史念海先生所在的陕西师大。谭先生从 1954 年起受命重编改绘清人杨守敬的《历代舆地沿革图》，后来发展到编纂出一套全新的《中国历史地图集》。这项工作前后绵延 30 多年，调动了全国的相关力量；除了复旦，其编纂人员还分布于中国社科院、南大、中央民院、云南大学等单位。就算在"文化大革命"期间中也只中断了 3 年。出成果，出人才，可以说比较好地实现了"以任务带学科"的目标。

侯先生和史先生虽然没有这样大规模的项目推动，但侯先生从 20 世纪 50 年代起就是中国地理学会的核心人物之一。他的工作除了在理论上对历史地理学不断进行阐发，主要围绕着城市(特别是北京城)、沙漠这两个历史地理专题而展开。史先生在陕西乃至全国都享有崇高的学术威望，他涉及的面非常广泛。以黄土高原为中心，覆盖了自然地理、经济地理、军事地理、政区地理、交通地理、文化地理、聚落地理等多个方面，而尤以自然、经济、军事三个方面的成就最为突出。侯先生、史先生下面都有一些学术助手，他们基本上跟着老师亦步亦趋。

澎湃新闻：这一时期历史地理的学术增长体现在哪些方面？

张伟然：方方面面。首先，整个知识体系变了。历史自然地理，这一块过去是完全没有的。沿革地理里面虽然偶尔也有点水道的内容，但那主要是资料排比，基本上没有什么科学内容。然而到了历史地理里面，历史自然地理如历史气候(这一块主要是竺可桢先生和中科院地理所的团队推动起来的)、河道与湖泊、沙漠、海岸线、珍稀动物和植被变迁等内容，都成了极为重要的内容，而且是可以直接为国民经济建设决策提供参考的部分，因而很受重视。经济地理这块，史先生关于黄河流域战国至隋唐的农业发展以及经济格局变迁的系列论文，也都是超迈往古的。

其次，研究方法变了。地理学很强调野外考察。20世纪50年代以后，历史地理学对于野外考察这一块大大加强了。侯先生研究沙漠，带着他的团队一趟趟往腾格里、毛乌素沙漠跑；你看他的《历史地理学的理论与实践》(上海人民出版社 1979 年版)，这样的工作搁过去沿革地理时代，简直是不能梦见的。史先生跑野外更厉害。为了研究军事地理，"文化大革命"时陕西军区曾专门给他提供一辆小吉普，那些军事要塞，大多是别人根本看不到的地方，他想看哪里看哪里。到后来 80 年代招研究生了，他还带着研究生到处跑。《河山集》前四集特别是二、四两集里面那些工作，没有深厚的野外功夫，完全是做不出来的。谭先生身体差一点，再加上他主持编图事情多，跑野外跑得没那么勤快；但上海和太湖流域，也跑过不少。1974 年他带着研究室的同人在太湖以东地区考察，完了还写了一篇《太湖以东及东太湖地区历史地理调查考察简报》。我个人觉得那个简报的水准是很高的。

再一个是研究目标变了。或者说，技术标准变了。沿革地理，主要是排比资料、加以断按。其实，无非是描述一下现象。做历史地理，再这样就不行了，得探讨规律，分析原因。比如谭先生《何以黄河在东汉以后会出现一个长期安流的局面》一文，由黄河下游的安流追溯到中游的水土流失，由水土流失联系到植被，由植被想到土地利用方式，谭先生说："我自以为这才是一篇够得上称为历史地理学的研究论文。"关键就是其中有分析，有原因和规律层面的探讨。

澎湃新闻："技术标准"这个概念很有意思，能不能再举两个例子？

张伟然：好。从沿革地理到历史地理，水道变迁研究的变化最明显。传统的研究主要是描述现象，何时何地、有何变化。那样的工作，纯粹的历史学家完全可以做。比如史学家岑仲勉也写过一本《黄河变迁史》(人民出版社1957年版)，那基本上是一本史学著作。历史地理范畴里，黄河流域，你看《河山集》二集里面，史先生讨论黄河流域的侵蚀与堆积，讨论黄河中游的下切、侧蚀；长江流域，张修桂先生探讨长江中下游的河床演变、湖沼变迁；这些工作，都包含着地理学的科学内容，应该说，这就不是一般的历史学家所能够胜任的了。

技术这个东西有很强的穿透性。沿革地理被改造成历史地理以后，不光是水道变迁，事实上，各个方面的要求都提高了。例如政区沿革，这是沿革地理最核心的东西。以往在讲单个政区沿革时也会精确到某年，甚至某月，比如说，某郡某年置、某年废，等等；但是不强调空间序列。就整体来说，那时讲沿革一般只讲到"某代"。很多人热衷于考证某代的"地理志"，或者补正史中所缺的某代"地理志"(或曰"疆域志")。那样的工作不能说毫无意义，但用现在历史地理学的眼光来看，意义非常有限。历史地理一个核心的理念是要讲时空序列。研究政区，既要讲清楚纵向(每一个政区随时间)的变化，同时还要讲清楚横向(同时并存的其他政区)的状况。这样才能形成一个立体的认识。

在谭先生以前，中国很早就有人编过历史地图。朱墨套色，古今分明，看着很漂亮。精度最高的就是清末杨守敬的《历代舆地沿革地图》。但是，过去那些历史地图中所有的行政建置，都是不标明年代的。都只标明某代，而不注明某年。就是说，那些地图所反映的政区都是历史上不曾实际存在过的，都是不同年份的政区拼起来的。1954年当局请谭先生重编改绘杨图的时候，还以为只要将杨图上那些历史政区挪到现代底图上，明显有错误的改一改，两三年时间就差不多了。谁知谭先生一看，完全不行。他坚持历史地图一定要能反映某一时间政区的实际状况。于是他给每个朝代要反映的政区都设定一个"标准年"，有些特别重要、前后变化较大的朝代设两个(如唐代)。这样一来，工作量大到简直不知要增加多少倍。事先人家以为让他带一两个助手、干两三年的事，他带着一个四五十人的团队干了20多年才做出来。

谭先生的这个做法，等于给历史政区地理制订了新的技术标准。从此，研究政区地理，就必得考虑纵横(时空)两个方向的数据序列，政区时效要精确到年。像以前有些人补地理志的那种工作，只一味地将某代的政区罗列出来，而不考虑时空序列，相比之下就显得落伍了。而且，谭先生通过对每个朝代给出一两个标准年的方式，将历代疆域政区变化的大势给勾勒了出来。这就给以后的政区研究提供了一个全新的界面。在这样的基础上再进一步，对某一朝代展开断代研究，将该朝代的行政建置做出逐年变化，也就成为一种逻辑的必然。后来谭先生指导周振鹤先生研究西汉政区地理，将西汉200余年的政区设置状况逐年复原出来，又为断代政区的研究提供了一个新的参照系。

澎湃新闻：这已经讲到第三个阶段来了吧。这一阶段历史地理的发展有哪些特点？

张伟然：第三个阶段的开始我把它算到1979年，并不完全是出于对历史地理学的考虑。历史地理内部的变化那一年也有，比如从那一年开始招研究生，现在有不少还在学界很活跃的大佬如周振鹤、葛剑雄、唐晓峰等先生都是那一年开始读研究生的。但这个变化当时还不显著。有一个更大的背景是，那一年，人文地理学在中国复兴了。这两方面结合起来，将1979年以后看作历史地理学进入了第三个阶段应该是合适的。

上面讲到历史地理学区别于沿革地理的一大标志是它对地理学的需求提高了。地理学是一个发展很快、不断推陈出新的学科。从1949年到1979年，中国地理学仿效苏联，对于欧美地理学的进展有点隔膜。而长期以来，历史地理学由于从业人员多数出身于历史学背景的缘故，对地理学的吸收和消化也有个过程。这样一来，历史地理学对于地理学的最新进展，反应总归要滞后一点。中国地理学界早在1979年就打出了人文地理学复兴的旗号，而历史地理学界，直到1990年才由谭先生撰文呼吁积极开展历史人文地理研究，比地理学界晚了11年。

谭先生是一个很不喜欢空谈理论的人。他呼吁积极开展历史人文地理研究，实际上不是一个空头口号，而是对20世纪80年代以后(也就是新时期受过研究生教育的这批学者登上学术舞台以后)，历史地理所呈现出的新局面而做出的总结和展望。你看他指导的研究生，没有一位是做历史自然地理的。他的学生，只有我是学地理出身。侯、史两位先生门下学地理出身的倒是不少，但事实上，多数人也在做历史人文地理。其中特别著名的如辛德勇、韩茂莉夫妇，他们本科都是学地理的，但都没有做历史自然地理。当然，他们文理兼通，绝对有做好历史自然地理的能力。

总体来说，这一时期的历史地理是历史人文地理大繁荣，而过去地位很高的历史自然地理萎缩了。从事历史自然地理研究的学者少，招生困难，成果数量与历史人文地理完全不成比例。

澎湃新闻：这一时期有哪些新的学术增量?

张伟然：学术增量? 不太好讲。从成果数量、研究队伍的发展壮大来讲，学术增量当然是有的；但从思维体系、研究方法的层次，我觉得这一时期历史地理的学术发展总体上缺乏激动人心的东西。我本人在20世纪90年代后期，经常对历史地理的前景感到忧虑。我深感历史地理学前面60多年，几代人的努力，都在实现禹贡学会的理想。也就是在实现顾先生41岁，谭、侯、史三位 22～23 岁时的学术理想。这些理想实现后，历史地理往哪里去，不知道。大家做的工作越来越琐碎，越来越缺乏创造性，整个学科那种蒸蒸日上的朝气没有了。整个给人一种迷茫的感觉。

澎湃新闻：这是你个人的想法，还是其他人也有类似的看法？

张伟然：没跟很多人交流过。至少唐晓峰先生也有过类似的忧虑。

澎湃新闻：为什么说 GIS 技术让历史地理学出现了一个"中兴"的局面？

张伟然：这里面，我觉得要分两个层次来看。首先，从表面看，GIS 是一种表达技术，功能极为强大。

前不久，一个朋友问我，谭图从 20 世纪 80 年代出版以来，为何不修订，是不是当时的研究已经到顶峰了。我说不，恰相反，谭图的研究不仅没有到顶峰，谭先生本人对这套图就一直不满意。他多次告诫我，绝对不能光看这套图就了事，一定要去核查原始材料。出版 20 多年以来，之所以没出修订版，主要的制约因素是技术。谭图对每个朝代设定一两个标准年，实际上很不够用。例如，南北朝时期分幅图的标准年是公元 497 年，如果读者想了解的内容不在这一年，当时的政区情况就得自行去考证。可是，作为纸质的图集，总得有所选择，不可能将每一年的建置都画出来。而且，作为印刷品，每一次改动，无论修订幅度大小，都得重新制版，成本非常高。

GIS 技术出现之后，这些难题就迎刃而解了。只要把数据库做好，利用计算机自动制图，在界面上输入任意一个年份，它就会自动生成所需的地图。而一旦发现数据有误，只要在后台将数据修订一下就足够了，不需要什么成本。这可以说是一个革命性的变化，为历史地理学的研究带来了无穷的活力。

目前 GIS 在历史地理研究当中应用越来越广泛。复旦史地所、陕西师大西北环发研究院都成立了空间分析实验室。具体的工作，除了复旦史地所与哈佛联合开发的中国历史地理信息系统(CHGIS)，人民大学华林甫主持的清代历史地图、北大韩茂莉主持的中国历史农业地图、陕西师大张萍主持的丝绸之路历史地图等，都是较大规模应用 GIS 技术开展的工作。

澎湃新闻：除了制图，GIS 在历史地理研究中还有哪些应用？

张伟然：这正是我想讲的第二个层面。GIS 是个"器"，它不仅有"用"，往往还会影响"道"。作为一种全新的技术体系，GIS 在相当大程度上改变了我们对历史地理史料的观念，形成了一些新的研究方法。

例如，过去研究城市的空间扩展，要么用考古资料，要么用旧地图。往往只能复原出不同时期的城墙位置。你知道城墙有时候并不说明太多问题，古代很多城市在城墙内仍有一些农田、菜地，城墙外反而会有一些市井存在。从地理角度来说，应该把一个城市的"建成区"(非农业用地范围)的扩展过程复原出来才有意义。古代城市，记载疏阔，可能没有太多好办法。近代以来，情形完全不同了。满志敏在研究近代上海城市建成区的扩展时，想出了一个绝妙的主意。他认为一个地块修建道路，可以看作它脱离农业用地而成为建成区的标志。上海城区道路的兴修过程，各区地名志、各种档案资料班班可考。将这些道路的兴修过程建成数据库，再用 GIS 表现出来，也就动态地展现了近代上海城市建成区的扩展过程。

这个事例，表面看来还是 GIS，但其中的关键，并不是表现手段而是对资料的开发利用的问题，找到了一种有效的代用指标。过去谁知道那些地名志还能派这样的用场呢？这是 GIS 技术扩大了资料范围，影响到我们对资料利用方式的一个例证。同时，这样的工作也改变了我们对于历史城市地理的既有认识。以后谁做历史城市地理，只要能找到资料，仍旧不注意建城区变迁的话，恐怕就不能令人满意了。

历史自然地理领域，GIS 技术的应用就更广泛了。刚才讲到历史自然地理在 20 世纪 90 年代很低落，近年来，由于 GIS 技术的推动，这一领域的发展几乎如同浴火重生。虽然现在专门从事这一领域研究的学者仍有待增加，但研究的内容和手段已经大非昔比。聊举一例。以往研究历史时期水道变迁，黄河也好，长江也好，都只能定性描述。揭示大势，描述过程，说清楚原理，没办法落实到地图上。当然少不了也要画地图表示，那种地图都只能示意，是很不严格、很不精确的。应用 GIS

技术以后，借助于高分辨率的卫星遥感数据，以及大比例尺的旧地图，研究精度大幅度提升了。

我认为，最近这些年历史地理学当中最重要的变化就是方法论层面的革新。以前定性研究的时候，一般都是贴着资料，尽量理解到位，然后分析、描述。不会想着去对资料做标准化处理，因为没那个必要。GIS 技术兴起以后，思维方式变了。必得有一套标准化的数据。这就需要对问题、对资料做一些标准化的考量。需要哪些属性，怎么定义，它们之间的逻辑关系怎么样；如果直接的资料找不到，可否找到代用资料，等等。这样，一方面会发现一些原来根本不认为是资料的资料，另一方面是对资料的处理方式也会发生变化。结果自然是导致研究结论的分辨率大幅度提升。我认为这是导致历史地理学焕发出无限生机的一个很主要的驱动力。

澎湃新闻：GIS 以外，还有哪些因素在最近历史地理的发展中起到了重要的推动作用？

张伟然：我还是想强调地理学的作用。地理学有一整套思维方法，往往可以在一些关键的地方发挥作用。20 世纪 80 年代以前，历史地理学跟地理学界的交流十分密切。谭先生、侯先生都是中科院地学部的学部委员。20 世纪 90 年代以后，历史地理与地理学界的关系有点疏离。最近十几年，很多人都意识到了这个问题，并且看到了后果，所以，我们现在一些同道有意识地在向地理学的思想方法回归。当然，这绝对不是说要就此舍弃其他学科的思想方法。历史地理是一个高度综合、横跨文理的多学科交叉领域，它最吸引人的地方就是学科交叉，研究对象、研究手段具有极丰富的多样性。我说的向地理学回归，是有鉴于前一阶段很多历史地理工作从本质上来说其实只是一些史学工作，对地理学既不理解，也不关心。弄得路越走越窄。现在极有必要重新梳理个中关系，来一个"再出发"。

举一个非常简单的例子。辛德勇的《秦始皇三十六郡新考》，是一篇我非常佩服、非常羡慕的文章，我经常思考，他为什么能写出这篇文章。表面上看来，这是他文献功夫好。他的文献是跟黄永年先生学的。可是，文献功夫好的学者历来不乏，为什么只有他能找到这个思路？我认为，实际上这与他学地理出身、受过科学训练深有关系。学地理的人都要学高数，地理学家看待一些数量问题天然地会带有统计观念。将这一观念用于分析史料，那就是系统记录与零星史料的价值大不一样。辛德勇正是带着这样的理念，才敢于颠覆清儒以来的考据路线。通过比勘班固《汉志》和裴骃《史记集解》两份系统记录，加以分析判断，从而得出一个秦始皇三十六郡的新方案。从知识的准确性来讲，只要没找到秦代的原始记录，任何研究出来的方案都值得商榷；但如果我们相信世上有一种叫作科学的东西，恐怕不能不承认，辛德勇的这个方案就目前来说是最可信的。

以前我曾写过一篇随笔，谈谭其骧先生的五星级文章，举到了谭先生的《秦郡新考》。当时辛德勇的这篇文章还没有出来。看了以后，我觉得辛的《秦始皇三十六郡新考》比谭先生的《秦郡新考》更合理。以后有机会修订那篇随笔的话，我要把其中的《秦郡新考》去掉。

再举一个跟我个人有关的例子。我的硕士论文做的是南北朝佛教地理(1990)。刚接触佛教地理时，看到一种论调：中国佛教自两汉之际传入，东晋才开始广泛传播，南北朝时期蒸蒸日上，隋唐发展到顶峰，之后就走下坡路，宋代以后基本上停滞了。因此，研究佛教史当以南北朝、隋唐为重点。受此影响，我当时选择做南北朝佛教地理。进入新世纪以后，通过与地理学界的交流互动，我觉得研究佛教地理完全不必受佛教史的局限。着眼于佛教作为一种文化景观，考虑它与自然、社会之间的相互影响，明清以来无疑比中古以前更重要。这一时段资料大大增加，堪称海量；蕴藏的问题也千奇百怪，匪夷所思。这样，视野一转换，一下就出现了一片崭新的天地。

澎湃新闻：除了地理学呢？

张伟然：除了地理学，我想着重指出考古学的作用。历史地理学要用到考古的资料和方法，这是很久以前就认识到的。当年在谭先生领导的编图团队中，就有好几位学考古的人员。但在以前，考古学从来没有像现在这样在历史地理研究中发挥出举足轻重的作用。

前辈中对考古特别重视的是武大的石泉先生。他是侯仁之先生的高座弟子。石先生两个大弟子徐少华、陈伟，尤以考古功夫深湛为一大特色。徐少华的《周代南土历史地理与文化》、陈伟的《楚"东国"地理研究》在20

世纪90年代都是分量很重的重要著作。近年来，由于考古资料日新月异，特别是楚简、秦简、吴简等资料大批出土，相关研究成果令人目不暇接，已经在很大程度上推进了对秦汉及以前的历史地理认识。

还有一位值得注意的是唐晓峰先生。他是学考古出身的。他做的王朝地理、上古地理思想，以及他指导学生做的山西南部、淮水流域在先秦的历史地理，我觉得都是意义非凡的工作。

前几年我经常跟于薇博士（现为中山大学副教授）一起讨论。她是学先秦史出身的，兴趣在华夏文明怎样从黄河流域推进到了长江流域。我和她都很感慨：中国文明号称五千年，历史地理一般以文献史料为主，也就只能对付秦汉以下。以政治地理而言，历来研究政区的都是从秦代郡县天下开始，顶多在考察郡县制起源时上溯至战国。就是说，中国五千年文明史，前面近三千年的政治地理状况都是不甚了了的。这就不能不期待考古学、先秦史发挥出更大的作用。

澎湃新闻：你说的学科发展驱动力包不包括一些理念？

张伟然：看情况。我主要着眼于实际操作的技术层面，如果一个理念导致了技术层面的进步，那就算。否则，只是加贴一个新标签，技术上还是老一套，那就谈不上驱动力。

比如，文化区的划分，原来都是设指标、做统计、画地图，纯客观的做法。借鉴文化人类学理念后，我们开始讲认同，考虑一些主观指标。这个理念影响到操作层面了，当然是一种驱动力。另一种情况，比如过去没有人做过"武侠地理"，要是有人提出个新概念，要建立一门"历史武侠地理学"，那就不会有什么学科驱动力在里面了。

澎湃新闻：最后回到一个古老的问题，你觉得历史地理学应属于历史学还是地理学？

张伟然：这个问题我觉得没有意义。就好比一个孩子，你要问他到底是他父亲的孩子，还是他母亲的孩子。历史地理作为一个主要由历史学与地理学，此外还有其他众多学科交叉的领域，要强调它属于任何一个单一学科，我认为都失于偏颇。从学科体系来说，历史地理是按地理学的框架来展开的，研究方法和手段也在相当大程度上受到地理学的驱动；但从研究资料上看，它用的又主要是历史学的资料。既然要用史料，那么历史学的手段和方法也就尽在不言中。国家从便于管理的角度，把它归口到某个学科，这只是一种方便。完全必要。但从做研究的角度来说，绝不能、也不可能以此为限。一个比较合理的做法是，以问题的最佳解决为度，牵涉到什么学科，就去补什么学科；要用到什么方法，就去学什么方法。凡该学、该用的，一个都不能少。至于算什么学科，管它那么多呢，谁爱怎么说就由他说去吧。

原载《澎湃新闻·私家历史》2014 年 12 月 17 日

图书在版编目（CIP）数据

学问的敬意与温情／张伟然著．—北京：北京师范大学出版社，2018.1

（新史学文丛）

ISBN 978-7-303-22573-6

Ⅰ．①学⋯　Ⅱ．①张⋯　Ⅲ．①文化史－研究－中国－近现代　Ⅳ．①K250.3

中国版本图书馆CIP数据核字（2017）第155015号

营销中心电话　010-58802181　58805532

北师大出版社高等教育与学术著作分社　http://xueda.bnup.com

XUEWEN DE JINGYI YU WENQING

出版发行：北京师范大学出版社　www.bnup.com

北京市海淀区新街口外大街19号

邮政编码：100875

印　刷：鸿博昊天科技有限公司

经　销：全国新华书店

开　本：890mm×1240mm　1/32

印　张：9.625

字　数：200千字

版　次：2018年1月第1版

印　次：2018年1月第1次印刷

定　价：58.00元

策划编辑：谭徐锋　　　　　责任编辑：蒋智慧

美术编辑：王齐云　　　　　装帧设计：王齐云

责任校对：陈　民　　　　　责任印制：马　洁